KB275963

청소년을 위한
클래식 음악의 세계

청소년을 위한
클래식 음악의 세계

저자 유수경

선화예고, 이화여대와 동 대학원에서 바이올린을 전공하였다. 연주자로 활동하며 무대에서 느낀 음악의 현장감과 연주자만이 풀어낼 수 있는 음악의 매력을 따뜻하고 명쾌한 문체로 풀어내어 《지구와 에너지》, 《그린 에세이》, 《음악저널》, 《스트라드》 등의 매거진에 클래식 음악에 대한 칼럼과 리뷰를 기고하고 있다. 초등학생을 위한 《베스트 클래식 100》과 클래식 입문자들을 위한 《불멸의 클래식 50》을 썼으며, 현재 수원시립교향악단 연주단원으로 활동하고 있다.

청소년을 위한
클래식
음악의 세계
유수경(수원시립교향악단 바이올리니스트) 지음
바이올린에서 더블 베이스까지,
현악기의 모든 것
사람in
saram
in.com

일러두기

⋯⋯ 표제 음악과 작품집, 영화 제목은〈 〉, 책 제목은《 》로 표기했습니다.

⋯⋯ 본문의 QR 코드를 통해 유튜브에서 해당 곡을 감상할 수 있습니다. 만약 영상이
삭제되었거나 보이지 않으면 작품명을 검색하여 해당 곡을 들을 수 있습니다.

⋯⋯ 외래어 표기는 국립국어원의 외래어 표기법을 대부분 따랐으나, 일부는 현지
발음이나 통용 표기를 따랐습니다.

여는 글

음악을 사랑하는 여러분을 환영합니다. 세상에는 많은 장르의 음악이 있지요. 그중에서도 클래식 음악은 가장 오랜 역사를 가지고 있고 악기의 종류도 다양합니다. 여러분은 어떤 악기를 좋아하나요? 어떤 악기를 다룰 줄 아나요?

이 책은 음악을 알아가는 그 첫 번째 문을 현악기로 열어 보기를 권하는 책입니다. 일반적으로 가장 먼저, 가장 많이 배우는 악기는 피아노지만, 클래식 전반에 걸쳐 쓰임새가 가장 많은 악기는 현악기입니다. 현악기에 대한 이해도가 높아지면 음악을 훨씬 더 깊이 있게 느낄 수 있을 거예요.

또한 이 책은 현악기가 표현하는 음악을 어떻게 들으면 되는지에 대해 자세히 안내하고 있습니다. 먼저 바이올린, 비올라, 첼로, 더블 베이스 각각의 특징을 알아봅니다. 악기마다 역사적으로 중요한 대표 연주곡과 작곡가, 그리고 음악에 대한 짧은 에피소드를 함께 소개했습니다.

다음으로 현악기들의 다양한 조합으로 2명, 3명, 4명이 연주하면 어떤 소리가 나는지, 연주 인원이 많아지면 소리가 어떻게 달라지는지 설명합니다. 이어서 현악 챔버 오케스트라부터 목관악기, 금관악기, 타악기가 함께하는 큰 규모의 오케스트라까지 현악기로 가능한 모든 연주에 대해 정리했습니다. 명곡 안에서 현악기들이 어떤 멜로디를 연주하는지, 그리고 목관악기, 금관악기, 타악기 등 다른 악기들과는 어떻게 어울리며 음악을 만들어 내는지 확인해 볼 수 있답니다.

이 책에 소개된 음악은 클래식 역사상 가장 중요한 곡들입니다. 차근차근 듣다 보면 아무리 규모가 큰 음악이라도 그 안에서 악기를 구분해서 찾아낼 수 있을 거예요. 연주 영상에는 요즘 활동하고 있는 유명 연주자들도 함께 소개했습니다. 음악회에 가려고 할 때 큰 도움이 될 겁니다.

마지막으로 음악회를 찾는 법, 우리나라 음악회장과 외국의 음악회장에 가보는 방법에 대해서도 소개하고 있습니다. 음악 감상은 콘서트홀에 직접 가보는 것으로 완성됩니다. 아무리 멋진 설명을 읽는다 해도 음악을 직접 들으며 경험해 보지 않고는 이해되지 않는 부분이 있을 거예요. 음악은 읽는 예술이 아니라 듣는 예술이기 때문입니다.

여러분 중에는 클래식을 가까이하는 데 어려움을 느꼈던 사람도 있을 거예요. 클래식은 친해지는 데 시간이 좀 걸리기 때문에 그렇습니다. 하지만 친해지고 나면 여러분을 가장 잘 이해해 주는 평생 친구가 되어 줄 것입니다. 기쁠 때도 힘들 때도 어려울 때도 그 안에서 여러분만의 보물을 찾을 수 있을 거예요. 제가 그랬거든요. 이러한 특별한 경험을 선사하는 예술, 클래식의 세계로 여러분을 초대합니다.

바이올리니스트 **유수경**

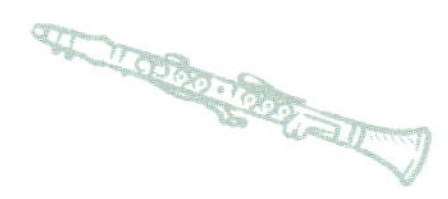

Chapter 1

클래식이란 무엇일까?

클래식은 오랜 역사만큼 종류가 다양해 복잡해 보이지만 흐름을 알면 쉽게 이해할 수 있어요. 예를 들어 〈반짝반짝 작은 별〉이라는 노래도 클래식입니다. 원래 18세기부터 불리던 프랑스 민요인데, 모차르트가 이 곡의 멜로디로 피아노 변주곡을 만들었죠. 이 곡은 영어를 처음 배울 때 알파벳을 가사로 붙여 부르기도 하고, 바이올린이나 첼로 같은 현악기를 배울 때 처음 연주되는 곡이기도 해요. 하나의 노래가 오랜 시간 동안 클래식 안에서 다양한 스타일로 연주되고 있지요.

클래식은 혼자 연주하는 곡부터 100여 명의 많은 사람이 함께 연주하는 곡까지 음악도 연주회도 여러 종류가 있습니다.

3분 안에 훑어보는
클래식 역사

클래식은 시대별로 중세, 르네상스, 바로크, 고전, 낭만, 그리고 20세기 이후로 나눌 수 있습니다. 음악은 우리의 삶과 아주 밀접한 예술이지요. 다른 예술과 마찬가지로 클래식도 유럽의 역사와 철학적 사고의 변화, 그리고 산업 발달에 큰 영향을 받아 왔습니다.

우리가 가장 많이 듣는 클래식은 모차르트, 베토벤이 활동하던 고전주의 시대1750~1820년의 음악입니다. 그다음으로 많이 찾아 듣는 음악은 19세기 낭만주의 시대의 곡으로, 이 시기에는 브람스, 차이콥스키 등의 작곡가들이 활동했어요.

시대순으로 살펴보면 먼저 중세 시대 음악은 대부분 종교 음악이었습니다. 국가가 교회 중심으로 운영되던 시대였기에 음악은 자연스럽게 교회 행사나 신앙을 표현하는 데 집중되어 있었지요. 작곡가는 교회에서 필요로 하는 내용을 주제로 곡을 만들었고, 연주자는 그 음악을 교회에서 연주했어요. 이 시대에는 화려한 멜로디나 인간의 감정을 직접적으로 드러내는 음악은 나오지 않았습니다.

1400~1600년대의 르네상스 음악가들은 엄격했던 중세 시대 종교음악에서 벗어나 인간 중심의 이야기를 음악으로 만들기 시작했습니다. 이 시기에 독일의 요하네스 구텐베르크1398년경~1468년가 발명한 금속 인쇄술은 음악계에 놀라운 변화를 불러왔어요. 손으로 베낄 수밖에 없었던 글과 악보를 인쇄로 대량 생산할 수 있게 된 것이죠. 이는 획기적인 사건이었습니다. 이전까지는 소수의 사람만 곡을 연주하고 감상할 수 있었다면, 악보가 전파되면서 많은 사람이 음악을 접할 수 있게 되었거든요.

이어진 바로크 시대1600~1750년에는 과학, 철학, 음악, 미술 등 모든 예술 분야에서 인간을 중심에 놓고 인간의 감정을 본격적으로 표현하게 되었습니다. '나는 생각한다. 고로 존재한다.'라는 유명한 말을 남긴 철학자 르네 데카르트1596~1650년, 만유인력 법칙을 발견하고 미적분을 정립한 과학자이자 수학자 아이작 뉴턴1642~1727년이 바로크 시대의 대표적인 학자들입니다. 미술계에서는 딱딱한 종교화에서 벗어나 평범한 일상을 다룬 화려한 색채의 풍경화, 인간의 감정을 나타내는 초상화를 그리기 시작했어요. 이 시대 유명한 화가로는 하르먼손 판 레인 렘브란트1606~1669년, 얀 페르메이르1632~1675년 등이 있습니다.

▲ 얀 페르메이르 〈진주 목걸이를 한 소녀〉, 1665년경

음악계에서는 안토니오 비발디1678~1741년, 게오르크 프리드리히 헨델1685~1759년, 요한 제바스티안 바흐1685~1750년 같은 위

대한 작곡가들이 활약했습니다. 다장조, 가단조 등의 장단조 이론이 확립되고, 성악 중심의 종교음악에서 소나타, 협주곡, 모음곡 등 기악 연주곡들이 무대에 오르게 된 것도 이 시대 작곡가들 덕분이에요.

바로크 시대의 대표적인 음악으로는 계절의 변화와 자연의 아름다움을 노래한 비발디의 바이올린 협주곡 〈사계〉, 대규모 왕실 야외 행사를 위한 헨델의 〈왕궁의 불꽃놀이 음악〉, 21세기 음악가들에게도 존경받는 바흐의 〈브란덴부르크 협주곡〉, 〈마태 수난곡〉, 〈골드베르크 변주곡〉 등이 있습니다.

이후 고전 시대1750~1820년로 들어서면서 귀족 외에 시민들도 예술을 즐길 수 있게 되었어요. 산업 발달로 악기를 대량으로 만들 수 있게 되었고, 시골 마을까지 악기를 배달받을 수 있게 되자 일반 가정에서도 피아노를 둘 수 있었죠. 자연스레 음악에 대한 관심이 폭발적으로 늘어났습니다.

이와 더불어 브라이트코프 & 헤르텔Breitkopf & Härtel[*], 쇼트Schott[**]와 같은 악보 전문 출판사들이 생겨났어요. 출판사는 작곡가와 계약을 맺어 자신을 통해서만 음악을 발표할 수

[*] 1719년 독일에서 설립된 세계에서 가장 오래된 악보 전문 출판사로 모차르트 피아노 소나타, 베토벤 교향곡 등이 이 출판사를 통해 발표되었다.
[**] 1770년 독일 마인츠에서 설립된 악보 전문 출판사로 베토벤, 슈베르트, 바그너, 말러 등이 이 출판사를 통해서 작품을 발표했다.

있게 했죠. 이는 K-POP 작곡가들이 특정 회사와 계약을 맺고 그곳을 통해서만 음원을 발표할 수 있는 요즘 시스템과 많이 닮았습니다. 이처럼 누구나 쉽게 악보를 사서 집에서도 연주할 수 있게 되자 더 많은 음악 팬이 생겨났어요. 덕분에 음악이 예술의 중심으로 자리 잡게 되었답니다.

고전 시대에도 위대한 작곡가들이 여럿 등장했습니다. 현악 4중주곡 68곡과 교향곡 106곡 등 1,000여 곡을 발표한 프란츠 요제프 하이든1732~1809년, 600곡 이상의 명곡을 남긴 볼프강 아마데우스 모차르트1756~1791년, 그리고 피아노 소나타 32곡, 피아노 협주곡 5곡, 바이올린 소나타 10곡과 교향곡 9곡으로 가장 완벽한 클래식 작곡가로 평가받는 루트비히 판 베토벤1770~1827년이 대표적입니다.

19세기 낭만주의 시대에는 베토벤의 영향으로 교향곡을 작곡해 내야 실력 있는 작곡가로 인정받을 수 있었습니다. 당시 유럽에는 도시마다 오케스트라와 전용 콘서트홀이 있어서 자연스럽게 음악회 관람이 유럽인들의 가장 중요한 문화생활이 되었지요. 1781년 라이프치히 게반트하우스 오케스트라를 시작으로 1842년 빈 필하모닉, 1882년 베를린 필하모닉 등 많은 오케스트라가 설립되었습니다. 이 오케스트라들은 각 도시의 콘서트홀에서 프란츠 슈베르트1797~1828년, 엑토르 베를리오즈1803~1869년, 펠릭스 멘델스존1809~1847년, 프레데리크 쇼팽1810~1849년, 로베르트 슈만1810~1856년, 요하네스

브람스1833~1897년, 표트르 일리치 차이콥스키1840~1893년 등 수많
은 작곡가의 새로운 곡을 매일 연주했지요.

이 시기에는 스타 연주자도 탄생했어요. 니콜로 파가니니
1782~1840년, 쇼팽, 프란츠 리스트1811~1886년는 작곡가이기 이전
에 엄청난 팬덤을 가진 최고의 연주자였죠. 파가니니의 연
주복과 사복 스타일은 '파가니니 스타일'이라는 유행어가 생
길 만큼 대중적인 인기를 끌었고, 리스트가 연주하며 흘린
땀을 닦은 손수건을 차지하려고 관객들이 무대 위로 뛰어드
는 장면이 신문에 실릴 정도였습니다.

20세기 초반의 러시아 혁명과 제1차 세계대전은 음악계
에도 큰 영향을 끼쳤습니다. 전쟁으로 많은 사람이 가족과
친구를 잃고 고국을 떠나야 했고, 특히 러시아에서는 공산
당이 모든 예술인의 활동을 감시했죠. 이 시기 작곡가들은
삶의 괴로움과 우울함, 두려움, 그리고 이를 이겨 내려는 노
력을 음악에 담았습니다. 그 결과 20세기 음악은 19세기 음
악보다 훨씬 무겁고 복잡해졌어요. 이 시기의 작곡가로는
구스타프 말러1860~1911년, 이고르 스트라빈스키1882~1971년, 세르
게이 프로코피예프1891~1953년, 드미트리 쇼스타코비치1906~1975
년 등이 있습니다.

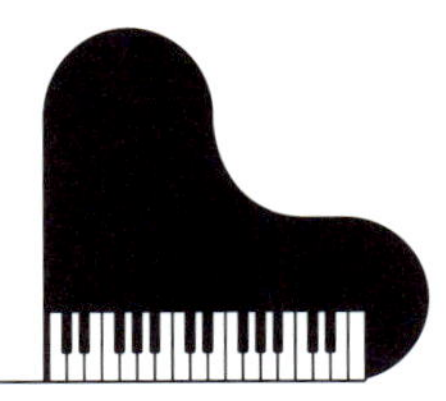

클래식 연주곡의
종류

클래식 연주곡에는 소나타, 실내악곡, 협주곡, 서곡, 교향곡, 교향시, 오페라 등 여러 종류가 있어요. 몇 명이 연주하는지, 또 시간이 얼마나 걸리는지만 알아 두면 쉽게 구분할 수 있습니다.

첫 번째로 소나타sonata는 독주 악기 혼자, 또는 독주 악기와 피아노가 같이 연주하는 곡이에요. 3악장으로 이루어졌는데요. 1악장은 빠르게, 2악장은 느리게, 3악장은 빠르게 연주하도록 구성되어 있어요. 악장•이란 단어는 클래식 음악에서 거의 매번 등장할 거예요. 소나타 한 곡이 하나의 주

• 악장(樂章, movement)과 악장(樂長, concertmaster)은 한국어 발음이 같을 뿐 의미가 다르다. 장(章)은 '단락을 나눈다'는 의미로 악장(樂章)은 한 곡 안에서 1악장, 2악장으로 구분하는 명칭이고, 장(長)은 '어른'이라는 의미로 악장(樂長)은 '오케스트라의 리더'를 뜻한다.

제로 연주되지만, 그 안에서 독립적인 부분으로 나뉘는 것을 악장이라고 합니다. 3부작 드라마가 1, 2, 3부로 나뉘는 것과 비슷한 거예요. 베토벤 바이올린 소나타, 브람스 비올라 소나타, 쇼팽 첼로 소나타 등이 여기에 해당합니다. 소나타는 연주 시간이 20분가량입니다.

두 번째로 실내악곡은 3~10명의 연주자가 함께하는 곡입니다. 연주자 수에 따라 3중주는 트리오trio, 4중주는 콰르텟quartet(te), 5중주는 퀸텟quintet, 8중주는 옥텟octet이라고 해요. 여기에 악기 구성에 따라 피아노 3중주, 현악 3중주, 현악 4중주, 목관 5중주, 현악 8중주 등으로 구분합니다.

실내악곡은 보통 4악장으로 구성되어 있어요. 1, 3, 4악장은 빠르게, 2악장은 느리게 연주합니다. 비슷한 빠르기지만 1악장은 웅장하게, 3악장은 춤곡처럼 경쾌하게, 4악장은 화려하게 진행되지요. 베토벤 피아노 3중주 〈대공〉, 하이든 현악 4중주 〈종달새〉, 안토닌 드보르자크1841~1904년 현악 4중주 〈아메리카〉 등이 대표적인 실내악곡입니다.

세 번째로 협주곡concerto은 솔리스트의 독주 부분과 오케스트라와의 협주 부분으로 이루어집니다. 차이콥스키 바이올린 협주곡, 하이든 첼로 협주곡, 쿠세비츠키 더블 베이스 협주곡처럼 작곡가와 독주 악기 이름을 붙여서 부르지요. 협주곡은 소나타처럼 3악장 구성이며 연주 시간은 30~40분가량입니다.

네 번째로 서곡overture은 10분 미만의 짧은 오케스트라 연주곡이에요. 원래는 발레나 오페라 공연 전에 주요 부분을 하이라이트로 모아서 소개하는 곡이었습니다. 영화 예고편 같은 거예요. 브람스의 〈대학 축전 서곡〉처럼 연주용 서곡도 있지만 많지는 않죠. 서곡은 보통 느리게 시작해서 1~2분 후에 빨라지다가 화려하게 끝납니다.

다섯 번째로 교향곡symphony은 오케스트라의 꽃이라고 할 수 있어요. 교향악단 연주회에서 가장 마지막에 연주되지요. 보통 4악장 구성으로 1, 4악장은 4박자의 빠른 악장, 2악장은 느린 악장, 3악장은 3박자의 빠른 악장으로 이루어져 있습니다. 물론 여기서 얼마든지 변형할 수 있어요. 베토벤 교향곡 6번 〈전원〉이나 말러 교향곡 7번처럼 5악장으로 구성된 교향곡도 있고, 2악장과 3악장의 빠르기가 바뀌는 곡도 볼 수 있습니다.

교향곡은 짧은 곡은 30분, 베토벤이나 브람스 교향곡은 40~50분, 안톤 브루크너1824~1896년나 말러 교향곡은 80~90분가량 걸립니다. 긴 곡이라고 걱정할 필요는 없습니다. 음악회에서 긴 곡을 연주하는 날에는 그 곡 하나만 연주하거든요.

여섯 번째로 교향시symphonic poem는 19세기 피아니스트 겸 작곡가인 프란츠 리스트가 만든 오케스트라 곡입니다. 문학이나 자연에서 주제를 가져와 음악으로 표현한 작품으로,

음악으로 들려주는 이야기책이라고 할 수 있어요. 리스트의 〈전주곡〉, 〈오르페우스〉, 〈프로메테우스〉 등이 대표적입니다. 교향곡과 달리 모든 곡에 제목이 있고, 악장 구분 없이 한 곡으로 되어 있거나 여러 소제목을 가진 모음곡으로 구성되어 있습니다. 리스트 이후의 교향시로는 베드르지흐 스메타나[1824~1884년]의 〈나의 조국〉, 리하르트 슈트라우스[1864~1949년]의 〈돈 후안〉, 〈차라투스트라는 이렇게 말하였다〉, 〈영웅의 생애〉 등이 있습니다.

지금쯤이면 눈치챘겠지만 곡의 제목만 알아도 어떤 음악회인지 알 수 있습니다. 소나타가 연주된다면 독주회, 협주곡이 연주된다면 오케스트라 연주회입니다. 독주회나 실내악 음악회에서는 오케스트라 연주곡인 서곡, 협주곡, 교향곡, 교향시를 연주하지 않습니다. 마찬가지로 오케스트라 음악회에서는 독주 악기 연주곡인 소나타를 연주하지 않죠.

| 클래식 연주곡의 연주 형태별 구성 |

	연주 형태	한 곡의 구성	한 곡당 연주 시간	음악회에서 연주되는 곡 수
소나타	독주회	3악장	20분	2~3곡
실내악곡	실내악 연주회	3~4악장	30분	2~3곡
서곡	오케스트라	악장 구분 없음	10분	1곡
협주곡	독주 악기+오케스트라	3악장	30분 이상	1곡
교향곡	오케스트라	4악장	40분 이상	1곡
교향시	오케스트라	악장 구분 없음	40분 이상	1곡

독주회에서는 보통 소나타 3곡이나 소나타 2곡과 짧은 연주곡들을 연주합니다. 오케스트라 음악회에서는 서곡, 협주곡, 교향곡 또는 교향시의 세 종류 음악이 순서대로 연주됩니다.

오케스트라가 함께하는 공연에는 발레와 오페라도 있어요. 발레와 오페라는 각각 발레와 노래로 극을 이어 가며, 오케스트라 연주는 음악적 배경이 됩니다. 대표적인 발레 작품으로는 차이콥스키의 〈백조의 호수〉와 〈호두까기 인형〉, 프로코피예프의 〈로미오와 줄리엣〉이 있고, 오페라는 모차르트의 〈마술피리〉, 조르주 비제1838~1875년의 〈카르멘〉, 주세페 베르디1813~1901년의 〈라 트라비아타〉와 〈아이다〉, 자코모 푸치니1858~1924년의 〈라보엠〉과 〈나비부인〉 등이 있습니다.

클래식 음악회에는
어떤 것들이 있을까?

음악회의 종류를 살펴볼까요? 음악회는 크게 독주회, 실내악 연주회, 챔버 오케스트라, 오케스트라 연주회로 나눌 수 있습니다.

혼자 연주하거나 악기 하나와 피아노가 함께 연주하는 것을 독주회recital라고 합니다. 여러 명이 함께 연주하는 실내악은 피아노 3중주piano trio와 현악 4중주string quartet가 가장 많이 연주됩니다. 피아노 3중주는 피아노, 바이올린, 첼로 3명이 경쟁과 조화를 이루며 음악을 만들어 냅니다. 현악 4중주는 제1바이올린, 제2바이올린, 비올라, 첼로 4명으로 이루어져 있고, 이는 오케스트라 현악 파트의 기본 구조가 됩니다. 현악 4중주는 현악기만의 조화로운 음색과 활을 통일되게 사용하는 연주법, 그리고 팀워크가 매우 중요하기 때문에 벨차·에머슨·노부스·아벨 콰르텟처럼 현악 4중주만 연주하는 전문 연주자들이 있습니다.

챔버 오케스트라는 현악 4중주의 확장판입니다. 콘서트홀의 크기나 곡에 따라 다르지만 제1바이올린 10명, 제2바이올린 8명, 비올라 6명, 첼로 4명, 더블 베이스 2명 정도의 규모로 20~30명 또는 그 이상의 연주자가 함께 연주합니다. 연주자가 많으므로 때에 따라 지휘자가 필요할 수도 있어요.

클래식 음악회 중 가장 큰 규모는 교향곡이 연주되는 오케스트라 연주회입니다. 오케스트라는 교향악단을 의미합니다. 교향곡을 연주하기 위해 챔버 오케스트라보다 더 많은 현악기 연주자와 모든 종류의 목관악기플루트, 오보에, 클라리넷, 바순, 금관악기호른, 트럼펫, 트롬본, 튜바, 타악기팀파니, 큰북, 마림바, 심벌즈, 트라이앵글 등가 함께하며, 이 80~90명의 연주자를 이끄는 지휘자가 있어요. 최초의 교향악단은 1448년에 창단된 덴마크 왕립 오케스트라Royal Danish Orchestra로, 덴마크 코펜하겐에 있습니다. 지금도 활발히 활동하며 우리나라에서 공연한 적도 있지요.

교향곡을 연주하는 오케스트라 무대와 오페라, 발레 공연 때의 오케스트라 무대는 완전히 다른데요. 오페라와 발레 극장의 무대는 극을 위해 콘서트홀보다 훨씬 복잡한 장치들이 필요하고, 오케스트라는 관객이 잘 볼 수 없는 곳에 숨어서 연주합니다. 이 장소를 오케스트라 피트orchestra pit라고 부

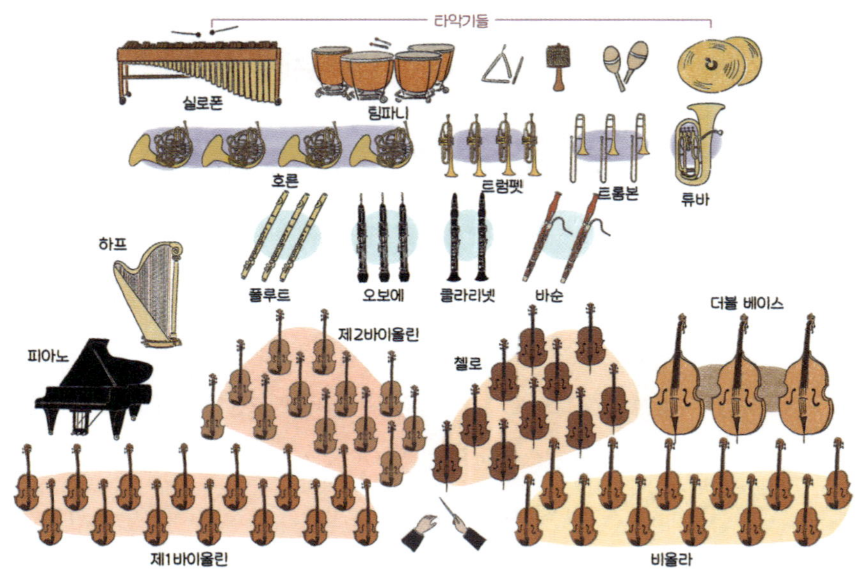

▲ 오케스트라 악기 배치

르는데, 무대 앞쪽과 관객석 사이에 있는, 무대보다 조금 낮게 위치한 특별한 공간이지요. 이곳에서 연주하는 오케스트라 연주자들과 무대 위에 서 공연하는 오페라 가수나 발레 무용수는 오로지 지휘자를 통해서만 연결됩니다. 관객석에서는 오케스트라 연주자의 모습은 보이지 않고 지휘자의 뒤통수만 보입니다.

▲ 오케스트라 피트

우리나라의 대표적 공연장인 서울 예술의전당 음악당에는 콘서트홀, 챔버홀, 리사이틀홀, 오페라극장이 있습니다. 이제는 이름에 따라 홀의 크기와 각 홀에서 열리는 음악회의 구성을 짐작할 수 있겠지요?

| 클래식 음악회의 연주 형태별 구성 |

연주 형태	악기 구성	연주 인원	지휘자 유무
독주회	독주 악기 또는 독주 악기+피아노	1~2명	없음
피아노 3중주	피아노, 바이올린, 첼로	3명	없음
현악 4중주	제1바이올린, 제2바이올린, 비올라, 첼로	4명	없음
챔버 오케스트라	제1바이올린, 제2바이올린, 비올라, 첼로, 더블 베이스	20~30명	때에 따라 있음
오케스트라	현5부(제1바이올린, 제2바이올린, 비올라, 첼로, 더블 베이스), 목관악기, 금관악기, 타악기	80~90명	있음

※ 챔버 오케스트라와 오케스트라의 연주 인원은 곡에 따라 늘어날 수 있다.

‖: 음반의 역사 :‖

지금은 어디서든 음악을 쉽게 접할 수 있지만 녹음 기술이 발명되기 전까지 음악을 들을 수 있는 방법은 콘서트홀에 직접 가는 것뿐이었어요. 수백 년의 클래식 역사와 비교하면 녹음과 음반의 역사는 아주 짧지만 과학 기술을 활용한 녹음의 놀라운 발전은 10여 년 만에 클래식계에 큰 영향을 끼쳤습니다.

클래식 녹음의 시작은 1889년 브람스가 미국의 발명가인 토머스 에디슨[1847~1931년]의 축음기로 자신의 목소리와 작품을 짧게 녹음한 것에서 출발합니다. 최초의 클래식 음반은 1902년 성악가 엔리코 카루소[1873~1921년]가 피아노 반주와 함

▲ LP(왼쪽)와 CD(오른쪽)

께 녹음한 오페라 아리아입니다. 이 음반으로 카루소는 순식간에 세계적인 스타가 되었고, 이후로 작곡가보다 더 유명한 연주자들이 나오기 시작했습니다.

최초의 클래식 LP* 음반은 1948년 콜롬비아 레코드사에서 만든 바이올리니스트 나탄 밀스타인1904~1992년이 연주한 멘델스존 바이올린 협주곡입니다. CD**는 1981년에 처음 세상에 소개되었어요. CD는 LP보다 크기가 작고 음질이 훨씬 깨끗해서 단박에 모든 사람의 인기를 얻었죠. 1980년, 90년대에는 한 음반을 CD와 LP 두 가지 버전으로 만들어내기도 했고, 이전에 만들어진 LP들은 대부분 다시 CD로 만들

---

* Long Play의 줄임말로 지름 30cm 크기의 음반이다. 앞면과 뒷면에 각각 30분가량, 총 60분 정도의 음악을 녹음할 수 있다. LP로 음악을 들으려면 턴테이블, 앰프, 스피커 등의 기기가 필요하다.
** Compact Disc의 줄임말로 지름 12cm 크기의 음반이다. 80~90분가량의 음악을 녹음할 수 있으며, CD플레이어나 컴퓨터에 삽입하여 음악을 들을 수도 있다.

어서 판매하기도 했습니다.

20세기에는 도이치 그라모폰, EMI, 소니, 필립스, 데카, 콜롬비아, RCA 등의 클래식 음반사들이 연주자들을 발굴해 음반을 제작했습니다. 당시에는 최고의 연주자와 세계적인 오케스트라만 녹음 기회를 얻을 수 있었죠. 따라서 비록 지금 기준으로는 음질이 부족하더라도 이 시대의 음반들은 어떤 음반이든 최고의 연주가 보장되어 있다고 봐도 무방합니다.

20세기에는 음반을 발매할 수 있는 연주자와 오케스트라가 제한적이었지만, 21세기에는 스트리밍 플랫폼과 유튜브가 등장하고 디지털 다운로드가 가능해지면서 누구나 자신의 연주를 선보일 수 있게 되었습니다. 페이스북과 인스타그램 같은 소셜 미디어를 통해 팬들과 직접 소통하는 아티스트가 늘어났죠. 20세기에는 음반사가 적어서 클래식 팬들이 새로운 음반 정보를 금세 알 수 있었습니다. 하지만 요즘은 넘쳐 나는 음원과 영상 속에서 좋은 연주를 고르기가 쉽지 않습니다.

‖: 좋은 연주 영상 찾는 방법 :‖

유튜브에서 베토벤 교향곡 5번 〈운명〉을 검색하면 최근 영상, 오래된 영상, 라이브 연주, 국내외 연주자의 영상이 무수히 쏟아집니다. 이 많은 영상 중에 무엇을 선택하면 좋을까요? 내가 선택한 영상이 좋은 연주인지 가려내는 방법이 있을까요?

우선 좋아하는 연주자나 오케스트라가 있다면 당연히 그 영상을 1순위로 보면 됩니다. 보통은 검색 상위 결과나 조회 수가 높은 영상을 선택하게 되는데, 이것도 좋은 방법이지만 높은 조회 수만으로 연주가 무조건 좋을 것으로 판단해서는 안 됩니다. 한 달 전에 올라온 좋은 연주의 조회 수가 그저 그런 1년 전 연주의 조회 수보다 적을 수도 있으니까요. 클래식 연주 영상은 일반 영상처럼 단박에 몇십, 몇백만 조회 수를 기록하는 경우가 거의 없습니다. 그렇게 높은 조회 수를 기록하는 영상은 연주가 좋아서가 아니라 어떤 사연이 있어서 주목받았을 가능성이 높아요.

가장 먼저 유명 오케스트라나 연주자의 공식 유튜브 채널 또는 클래식 전문 공식 채널의 영상을 추천합니다. 공식 채널의 영상은 연주의 질뿐만 아니라 음향 완성도도 매우 높아요. 개인 채널의 영상들도 좋은 연주가 많지만 영상마다 연주력, 음향, 화질 차이가 크고 예고 없이 삭제되는 경우가 있습니다.

때로 50~60년 이상 된 흑백 연주 영상이 검색되기도 합니다. 바이올리니스트 야샤 하이페츠1901~1987년와 다비드 오이스트라흐1908~1974년, 첼리스트 재클린 뒤프레1945~1987년와 므스티슬라프 로스트로포비치1927~2007년 같은 전설적인 연주자들의 연주는 화면과 음질이 떨어져도 꼭 한번 들어 볼 가치가 있습니다. 카미유 생상스1835~1921년, 세르게이 라흐마니노프1873~1943년, 에드워드 엘가1857~1934년, 스트라빈스키, 쇼스타코비치처럼 20세기 초반의 작곡가들이 직접 지휘하고 연주하거나 작품을 설명하는 희귀 영상도 찾아보길 바랍니다.

클래식 음악은 길이가 긴 편이라 처음부터 끝까지 모두 들을 필요는 없어요. 이 책에서 소개하는 영상 중에도 일부만 발췌한 것들이 있지요. 연주자와 오케스트라마다 같은 곡을 다르게 연주하는 방식을 비교해 듣다 보면 음악을 더 깊이 이해하고 색다른 재미도 발견할 수 있습니다.

클래식을 막 알아 가기 시작했거나 어떤 곡을 들어야 할지 모르겠다면 클래식 전문 유튜브 채널이나 홈페이지, 클래식 음악 전문 TV 방송을 찾아보는 것을 추천합니다. 라디오 FM 93.1을 들어 보는 것도 좋은 방법이에요. 24시간 클래식만 들려주는 채널이거든요. 가능하다면 음악을 헤드폰이나 이어폰보다 스피커로 들어 보세요. 공간을 통해 울리는 소리가 색다른 느낌을 줄 것입니다.

클래식 전문 TV채널은 한경아르떼TV, 토마토클래식, 오르페오, 메조라이브HD 등 다양하게 있어요. 이들은 각각 홈페이지와 유튜브 채널도 운영하고 있지요. 한경아르떼TV와

토마토클래식은 국내 클래식 공연을 전문으로 다루며 오케스트라, 실내악, 독주회 등을 실시간으로 방송하고 유튜브 채널에서도 동시 중계합니다. 오르페오에서는 20세기 거장들의 연주, 유럽의 주요 클래식 페스티벌, 클래식 다큐멘터리를 볼 수 있어요. 운이 좋으면 레너드 번스타인^{1918~1990년}이나 카라얀 같은 전설적인 지휘자의 희귀 영상도 볼 수 있습니다. 또한 메조라이브HD는 유럽의 클래식 음악회뿐 아니라 오페라, 발레 공연도 중계해 줍니다.

Chapter 2

한눈에 살펴보는 현악기

현악기는 말 그대로 현(絃, string), 즉 줄이 있는 악기를 말합니다. 이런 악기들은 활을 사용하는지 아닌지에 따라 구분됩니다. 활로 문질러서 소리를 내는 바이올린 족(violin family)에는 바이올린, 비올라, 첼로, 더블 베이스가 있고, 하프와 기타처럼 손가락이나 기구로 줄을 뜯으며 소리를 내는 악기도 있습니다. 이 책에서는 활을 사용하는 현악기인 바이올린, 비올라, 첼로, 더블 베이스를 다룹니다.

바이올린족 현악기들의
공통점과 차이점

먼저 현악기의 공통점을 살펴볼까요? 바이올린족에 속한 바이올린, 비올라, 첼로, 더블 베이스는 닮은 부분이 많아요. 줄이 모두 4개이고 활을 사용합니다. 생김새도 비슷해서 얼핏 사진으로만 보면 구분하기 어려워요. 특히 바이올린과 비올라는 두께와 길이가 거의 비슷합니다.

▲ 바이올린, 비올라, 첼로, 더블 베이스(왼쪽부터)

피아노, 관악기, 타악기와 달리 현악기를 연주할 때는 왼손과 오른손이 하는 일이 완전히 다릅니다. 피아노는 양손 모두 건반을 누르고, 관악기는 양 손가락으로 소리 구멍을 막으며, 타악기는 양손에 스틱을 들고 두드리지요. 하지만 현악기는 왼손으로 줄을 눌러 음정을 조절하고 오른손으로 활을 사용해 줄을 그으며 소리를 냅니다.

현악기끼리 연주 방법은 비슷하지만 악기마다 크기와 굵기가 미세하게 달라서 정확한 음정을 내려면 많은 연습이 필요합니다. 바이올린, 비올라, 첼로, 더블 베이스는 각각 음정 간격이 달라요. 예를 들어 검지로 '도'를 누르고 그다음 음인 '레' 소리를 내려면, 바이올린과 비올라는 중지를 눌러야 합니다. 반면에 첼로는 약지 위치, 더블 베이스는 새끼손가락 위치가 '레'에 해당합니다.

현악기에는 여러 가지 특별한 연주 기법이 있어요. 그중 가장 독특한 것이 비브라토vibrato입니다. 비브라토는 음정을 누른 손가락을 빠르게 흔들어 단조로운 음에 풍부한 매력을 더하는 기법이지요. 또 다른 연주법으로 손으로 줄을 뜯어서 소리를 내는 피치카토pizzicato도 있습니다. 피치카토는 곡에서 한두 음 정도만 가끔 등장하는데, 이때는 활을 쥐고 있던 오른 손가락으로 줄을 뜯습니다.

활의 생김새는 악기마다 조금씩 다릅니다. 얼핏 보면 바이올린과 비올라의 활은 매우 비슷하게 생겼지만, 바이올린 활은 74~75cm 정도이고 비올라 활은 이보다 좀 더 길고 두껍고 무겁습니다. 첼로와 더블 베이스는 활을 가로로 사용하기 때문에 바이올린 활보다 많이 짧지만 훨씬 굵고 무거워요. 만약 장난으로 더블 베이스의 활로 바이올린을 연주한다면 활의 무게 때문에 바이올린 줄이 순식간에 끊어질 수도 있습니다. 더블 베이스의 가장 얇은 줄 하나가 바이올린의 네 줄을 합친 것보다 더 두껍거든요.

활을 사용하는 기술도 다양합니다. 부드럽고 길게 소리를 내거나 스타카토staccato로 짧게 끊어서 소리를 낼 수도 있어요. 팔과 손가락에 얼마나 힘을 주는지에 따라 소리의 강도가 달라지죠. 오케스트라나 현대 음악에서 자주 사용되는 트레몰로tremolo는 주어진 박자 안에서 활을 최대한 빨리 움직여 소리를 내는 연주 방법입니다. 여러 연주자가 작은 소리로 트레몰로를 연주하면 매우 신비로운 느낌이 들고, 반대로 활을 세게 눌러 큰 소리로 연주하면 격정적인 감정을 표현할 수 있어요.

줄은 악기 소리에 큰 영향을 끼칩니다. 17~18세기에는 염소나 양의 창자에서 섬유를 뽑아내 꼬아 만든 거트현을 사용했어요. 이후 산업화 시대를 지나면서 강철, 알루미늄, 합성 코어, 은, 탄소강 등 다양한 특수 소재로 만든 줄이 개발되었습니다. 덕분에 최근 30년 사이에 줄의 종류가 놀랄 만큼 다양해져서 연주자들의 선택지가 매우 많아졌어요. 같

▲ 바이올린 활의 활털

은 악기라도 어떤 줄을 사용하는지, 또 연주자가 얼마나 세게 누르는지에 따라 소리가 달라집니다.

연주 중에 줄이나 활털이 끊어지는 경우도 있습니다. 줄이 끊어지는 일은 정말 드물지만 활털이 끊어지는 일은 종종 일어나요. 활털은 끊어져도 연주에는 지장이 없어서 끊어진 부분을 얼른 제거하고 연주를 이어 나가면 됩니다. 하지만 줄이 끊어졌을 때는 상황에 따라 다르게 대처해야 해요. 독주회나 실내악 연주회라면 할 수 없이 연주를 중단하고 무대 뒤로 가서 줄을 교체해야 하지만 오케스트라 연주회라면 다릅니다.

오케스트라 연주회는 수십 명이 함께 연주하기 때문에 어떤 경우에도 연주를 멈추지 않는 것이 철칙이에요. 만약 협연자의 악기 줄이 끊어졌다면, 그 연주자는 재빨리 자기 악기를 악장에게 건네고 악장의 악기를 받아 연주를 이어 나갑니다. 그러면 줄이 끊어진 그 악기는 어떻게 하냐고요? 연주가 진행되는 동안 악기를 차례로 뒤로 전달해서 맨 마지막에 앉아 있는 연주자가 그 악기를 들고 조용히 무대 밖으로 나가요. 그리고 그 악기에 줄을 새로 끼워서 무대에 다시 들어온 다음, 다시 차례대로 악기를 원래 주인인 연주자에게 전달하죠. 오케스트라 연주자의 줄이 끊어진 경우도 같은 방법으로 연주가 멈춰지지 않게 합니다.

이어서 네 현악기의 차이점을 살펴보겠습니다. 가장 큰 차이점은 크기입니다. 크기에 따라 음역대가 달라지는데, 악기가 작을수록 높은음을, 클수록 낮은음을 냅니다. 크기의 영향으로 악기마다 음역대가 다른 거예요.

줄의 길이와 굵기에 따라서도 음의 높낮이가 달라집니다. 이것은 피아노도 마찬가지예요. 피아노에도 줄이 있다는 것을 알고 있나요? 피아노 뚜껑을 열어 보면 줄이 많이 있어요. 건반을 누르면 연결된 해머가 줄을 쳐서 소리를 내게 되어 있지요. 오른쪽으로 갈수록 줄이 가늘고 짧고, 왼쪽으로 갈수록 줄이 굵고 길어요. 이것은 하프나 타악기의 실로폰과 마림바도 마찬가지입니다. 현악기 중 가장 작은 바이올린이 피아노의 오른쪽 건반에 해당하는 높은 음역대를, 더블 베이스가 피아노의 왼쪽 건반에 해당하는 낮은 음역대를 가지고 있어요.

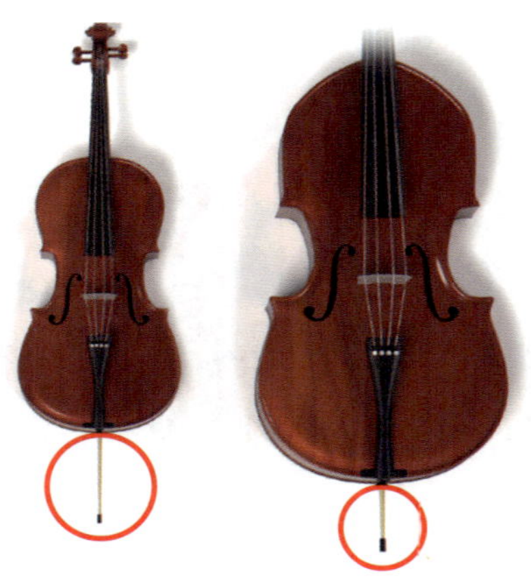

▲ 첼로(왼쪽)와 더블 베이스(오른쪽)의 엔드 핀

　악기마다 필요한 소품도 조금씩 다릅니다. 바이올린과 비올라는 악기를 턱과 어깨 사이에 끼우고 연주하기 때문에 악기가 몸에서 떨어지지 않도록 도와주는 턱받침과 어깨받침이 필요해요. 턱받침은 악기 앞판에 부착하여 턱이 악기를 눌러도 손상되지 않도록 해주고, 어깨받침은 악기가 어깨와 쇄골을 누를 때 아프지 않게 해줍니다. 어깨받침이 없는 게 더 편하다면 사용하지 않아도 괜찮아요. 사람마다 턱과 어깨 모양이 다르니까 다양한 모양의 턱받침과 어깨받침 중에서 자신에게 맞는 것으로 선택해서 사용하면 됩니다.

　첼로와 더블 베이스에는 연주할 때 악기가 흔들리지 않도록 바닥에 고정하기 위해 악기 끝에 엔드 핀end pin이 달려 있습니다. 사람마다 다리 길이, 앉는 자세가 조금씩 다르기 때문에 엔드 핀의 길이를 자신에게 맞게 조정해서 연주합니다. 더블 베이스는 악기 자체가 워낙 커서 바닥에 거의 닿기 때문에 엔드 핀이 굵고 짧아요. 첼로는 우리가 평소에 사용하는 웬만한 의자에 앉아서 연주하면 되지만, 더블 베이스는 조금 다릅니다. 솔로일 때는 서서 연주하고, 오케스트라에서는 반쯤 선 자세에서 더블 베이스 전용 의자에 엉덩이를 걸치듯 기대어 앉아 연주합니다.

그렇다면 어떤 현악기가 작품 수가 가장 많을까요? 악기가 작을수록 손가락을 빨리 움직일 수 있어서 바이올린의 주법이 가장 다양하고 작품도 가장 많아요. 그다음으로 작품 수가 많은 현악기는 첼로입니다. 하지만 19세기 이후 연습법이 발달하면서 비올라와 더블 베이스도 바이올린과 첼로만큼 빠른 속도와 어려운 주법으로 연주할 수 있게 되었어요. 덕분에 중요한 악기로 점차 자리 잡게 되었답니다.

악기와 활

현악기, 특히 바이올린은 아주 어린 아이부터 어른까지, 취미에서부터 전문 연주자까지 배우고 연주하는 사람이 많아요. 그래서 장난감처럼 보이는 저렴한 악기부터 아무리 돈이 많아도 살 수 없고 값을 매길 수 없는 악기까지 종류가 천차만별이지요. 음악회에 갔을 때 프로그램 북을 보면 어떤 연주자들은 자신의 프로필에 악기 이름과 제작 연도를 밝히기도 합니다. 오래되고 좋은 악기들은 흔하지 않기 때문에 아무나 사용할 수 없거든요. 이렇게 오래되고 좋은 악기를 '명기'라고 부릅니다.

명기는 주로 특정 가문에서 대를 이어 제작되었습니다. 17~18세기 이탈리아의 스트라디바리, 과르네리, 과다니니, 아마티 등이 유명한 악기 제작 가문이죠. 이 중에서 가장 유명한 제작자는 안토니오 스트라디바리^{1644년경~1737년}입니다. 현재까지 남아 있는 그의 악기는 바이올린 280여 대, 비올라 12대, 첼로 70대 정도이며 더블 베이스는 만들지 않았다고 해요.

300년이 지난 지금까지도 이 악기들이 좋은 소리를 내는 이유에 대해 전문가와 과학자들이 많은 연구를 했지만 정확히 밝혀진 것은 별로 없습니다. 악기에 사용된 나무, 악기의 길이, 두께, 에프홀^{현악기 앞판에 있는 f 모양의 구멍} 곡선의 각도, 나무 건조 방법, 악기 표면에 바르는 약품까지 샅샅이 조사해 똑같이 만들어 보려고 했지만 성공한 사람이 아무도 없었죠. 가장 유력한 이유로 16~17세기 유럽의 기후를 꼽습니다. 당시 유럽은 소빙하기로 불릴 만큼 추웠는데요. 이에 따라 현악기의 재료인 나무들^{특히 단풍나무와 가문비나무}의 목질이 촘촘하고 단단해져 악기의 울림에 큰 영향을 주었다고 추정하고 있습니다. 이제는 지구 온난화와 대기 오염으로 그런 나무를 구할 수가 없다고 해요.

가격이 상상할 수 없이 비싸고 관리도 까다로워서 명기를 개인이 소유하는 경우는 매우 드물어요. 대부분 재단이나 기업이 소유하고 실력 있는 연주자들에게 장기간 대여해 줍니다. 퀸 엘리자베스 국제 콩쿠르, 파가니니 국제 콩쿠르 같은 유명 콩쿠르에서는 우승자에게 몇 년간 명기를 사용할 기회를 주기도 합니다. 우리나라에서는 금호문화재단과 삼

성문화재단에서 여러 대의 명기를 보유하고 있고, 유명 연주자나 오디션을 통과한 젊은 연주자 들이 좋은 연주를 할 수 있도록 지원하고 있답니다.

17~18세기 스트라디바리 가문에서 제작된, 최고의 명기로 꼽히는 스트라디바리우스에는 특별한 이름이 붙은 악기들이 있어요. 파가니니, 비오티, 하이페츠, 오이스트라흐, 뒤프레처럼 전설적인 연주자들이 사용했던 악기에는 그 연주자들의 이름이 붙었고, 세월이 흐르며 생긴 사연에 따라 '돌고래', '목성', '스페인 법원' 같은 재미있는 별명이 붙은 악기도 있어요.

스트라디바리우스에 관한 재미있는 이야기가 하나 더 있습니다. 1704년산 스트라디바리우스 바이올린 하나가 70년간이나 스위스 은행 창고에 잊힌 채 보관되어 있다가 발견되었어요. 오랫동안 창고에 갇혀 아무도 소리를 내지 않아서 스트라디바리우스인지 모를 정도로 좋은 소리가 나지 않았죠. 이 악기를 독일의 바이올리니스트 이자벨 파우스트^{1972~}가 오랜 시간 공들여

▲ 안토니오 스트라디바리가 제작한
'프란체스카' 바이올린

연습하면서 원래 스트라디바리우스가 가지고 있던 소리를 다시 깨웠다고 해서 이 악기에는 '잠자는 숲속의 미녀sleeping beauty'라는 별명이 붙었어요. 파우스트는 '잠자는 숲속의 미녀'를 가지고 한국에서도 여러 번 공연했답니다.

현재 스트라디바리우스를 사용하는 한국인 연주자로는 바이올리니스트 클라라 주미 강과 임지영, 그리고 첼리스트 정명화가 있습니다. 바이올리니스트 정경화가 한때 사용한 1693년산 스트라디바리우스 해리슨Harrison은 현재 미국 사우스다코타주 국립음악박물관에 전시되고 있어요.

세상에는 수많은 연주자가 있고, 우리가 모든 연주자의 이름을 기억하기는 어렵습니다. 많은 연주자가 프로필에 화려한 이력을 나열하니 때로는 의심이 들기도 하지요. 만약 연주자가 사용하는 악기가 대여받은 것이거나 악기의 이름과 제작 연도를 명시했다면 실력이 검증된 연주자라고 볼 수 있습니다. 그런 연주자라면 악기 소리도 들어 볼 겸 공연을 찾아가 보는 것도 좋은 경험이 될 것입니다.

물론 무조건 오래된 악기가 좋은 악기는 아니에요. 장인이 뛰어난 솜씨를 발휘해 최고의 재료로 만든 다음 연주자들이 꾸준히 연습하고 관리하며 오랜 세월이 지나야 좋은 소리가 나는 것이지요. 연주자에 따라 악기 소리도 달라지고, 연주자 덕분에 악기가 더욱 유명해지기도 합니다. 명기를 사용하는 연주자들은 악기를 인류의 유산으로 소중히 여기며 입을 모아 이렇게 말합니다. "이 악기는 제 것이 아닙니다. 지난 몇백 년간 많은 연주자가 이 악기 안에 좋은 소리를 숨겨 놓았고, 제 역할은 이 소리를 잘 유지해서 다음 사람에게 전하는 것입니다."

좋은 악기를 만들려는 노력은 21세기에도 이어지고 있습니다. 이탈리아 크레모나 트리엔날레 현악기 제작 콩쿠르, 폴란드 헨리크 비에니아프스키 바이올린 제작 콩쿠르, 독일 미텐발트 바이올린 제작 콩쿠르 등의 국제 현악기 제작 대회를 통해 좋은 악기 제작자들이 발굴되고 있어요. 이 콩쿠르에서 한국인 제작자들도 좋은 성적을 거두고 있습니다.

현대 악기에 대한 편견을 깨는 실험도 종종 뉴스에 등장합니다. 현악 4중주단 에머슨 콰르텟의 바이올리니스트 유진 드러커1952~는 미국인 악기 제작자 사무엘 지그문토비치1956~가 만든 악기를 사용하고 있고, 바이올리니스트 크리스티안 테츨라프1966~는 스트라디바리우스를 사용하다가 2002년부터 독일의 슈테판 페터 그라이너1966~가 제작한 악기를 사용하고 있어요. 17~18세기 악기와 현대 악기를 비교하는 블라인드 테스트에서는 20세기 이후에 제작된 악기의 소리가 더 좋다는 의견도 많았습니다.

좋은 악기의 소리는 활을 통해 표현됩니다. 악기마다 활의 특성에 따라 소리도 달라지죠. 오늘날 우리가 사용하는 활의 형태를 만든 사람은 프랑수아 투르트François Tourte, 1747~1835

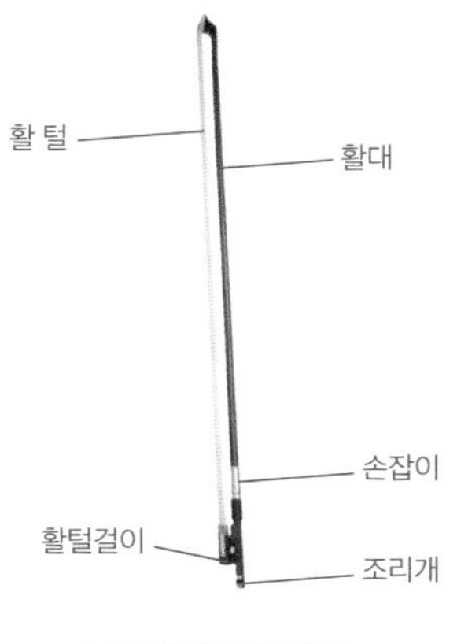

▲ 바이올린 활의 구조

년입니다.

투르트는 활 끝에 조리개조임 나사를 달아서 온도나 습도에 따라 활털을 팽팽하거나 느슨하게 조절하여 쓸 수 있게 만들었어요. 바로크 시대보다 활이 길어졌고, 조리개 덕분에 활이 단단해져서 더 큰 소리를 내는 것과 스타카토 기법이 가능해졌습니다. 투르트가 만들어 낸 활 덕분에 현악기는 더욱 다양한 표현이 가능해졌죠. 투르트 이후에는 페카트Peccatte, 시몽Simon, 사르토리Sartory 등의 활 명장들이 활약했습니다.

활의 재료로는 다양한 나무가 사용되는데, 그중 최고는 브라질의 페르남부코pernambuco입니다. 이 나무는 습기와 온도 변화에 강하고 탄력이 좋아서 연주자가 다양한 기법을 구사하는 데 최적의 소리를 낸다고 알려져 있어요. 페르남부코는 특별한 성질 덕분에 현악기 활 외에 고급 가구, 공예품, 특수 염료의 재료로도 사용되었는데요. 이 때문에 수백 년간 무분별한 벌목이 이루어졌고, 20세기에 벌목이 제한되다가 결국 2022년 브라질 정부에서 페르남부코를 멸종 위기 보호 식물로 지정했습니다. 페르남부코는 브라질에서만 자라기 때문에 이제 이 나무로는 활을 만들 수 없어요.

활은 가늘고 잘 휘어져서 악기보다 충격에 취약합니다. 이런 약점을 보완하고자 많은 연구가 이루어졌고, 20세기에 들어 카본*을 이용해 활을 만들기 시작했습니다. 카본 활은 나무 활보다 훨씬 가볍고 튼튼하며, 쉽게 부러질 걱정도 없고 가격도 저렴해요. 다만 아직까지는 아무리 잘 만든 카본 활이라고 해도 나무 활만큼의 음색은 내지 못해서 주로 취미로 배우는 사람이나 연주자 들이 연습용으로 사용하고 있어요.

활털은 말 꼬리털로 만듭니다. 말 꼬리털을 특수 약품으로 처리해 건조한 뒤 활대 위아래에 가지런하게 다듬어 고정하지요. 줄과 활털은 소모품이라서 주기적으로 교체해야 악기 소리를 유지할 수 있어요. 줄 교체는 연주자가 직접 할 수 있지만 활털 관리는 전문적 지식과 기술이 필요합니다.

<hr>

* 탄소화합물로 가볍고 튼튼한 특성 덕분에 자전거, 테니스 라켓, 낚싯줄, 노트북, 휴대전화 등의 다양한 분야에서 널리 쓰이고 있다.

　연주할 때는 줄과의 마찰력을 높이기 위해 활털에 송진을 바릅니다. 송진은 거친 것과 고른 것까지 줄보다 종류가 훨씬 많아요. 송진에 따라 활을 부드럽게 사용할 수도 있고, 강한 소리를 낼 수도 있어요. 줄과 마찬가지로 연주자의 취향에 따라 고르면 됩니다. 송진은 소나무 진액 추출물이라 끈적끈적하니 연습이나 연주가 끝나면 부드러운 천으로 악기와 활대에 묻은 송진을 바로 닦아 내야 합니다. 그렇지 않으면 송진이 악기에 달라붙어 소리의 울림을 방해할 수 있어요.

Chapter 3

명곡 속의 현악기 ✽

이제 바이올린, 비올라, 첼로, 더블 베이스의 특징과 음악을 살펴보겠습니다. 비슷하게 생겼지만 조금씩 다른 특징들이 있습니다. 이러한 차이점 때문에 각 악기가 음악 안에서 어떤 소리를 내는지 설명을 읽고 나서 연주 영상을 보고 들으면 더 잘 이해할 수 있을 거예요. 연주 영상은 악기별로 혼자 연주하는 곡, 피아노 반주와 함께하는 곡, 오케스트라 연주곡에서의 솔로 부분, 그리고 마지막으로 협주곡 순서로 소개합니다. 혼자 연주하는 것으로 시작해서 연주자 수가 점점 많아지는 구성이에요.

가장 높고 화려한
바이올린

바이올린은 배우는 사람, 연주자, 명곡이 가장 많은 현악기입니다. 크기가 작고 음역대가 높아서 밝은 소리가 나지요. 바이올린은 모두에게 익숙한 높은음자리표를 사용합니다. 비올라는 가온음자리표, 첼로와 더블 베이스는 낮은음자리표를 사용해요. 가온음자리표와 낮은음자리표는 높은음자리표보다 조금은 어려워서 자연스레 악보를 읽을 때까지 시간이 필요할 거예요.

바이올린에는 크기에 따라 1/8, 1/4, 1/2, 3/4, 그리고 풀

▲ 낮은음자리표, 높은음자리표, 가온음자리표(왼쪽부터)

사이즈라고 부르는 4/4가 있어요풀사이즈 바이올린의 울림통 길이는 35.5cm. 아주 어린 나이에 시작하면 1/16 사이즈를 사용하기도 합니다. 보통 초등학교 6학년 정도가 되면 풀사이즈를 사용하는데, 키가 크고 팔이 길면 조금 더 일찍 풀사이즈를 시작할 수도 있어요.

바이올린과 비올라는 서서 연습하고 연주하는 것이 기본자세입니다. 왜 서서 연주해야 할까요? 바이올린과 비올라는 활을 위에서 아래로 향하게 하며 연주하는데, 앉아서 연주하면 등이 굽고 자세가 틀어져서 활을 바르게 쓰기가 어렵습니다. 바른 자세를 갖추어야 어려운 기법을 쉽게 해내고 좋은 소리를 낼 수 있어요.

이렇게 말하면 "앉아서 연주하는 것도 많이 봤어요."라는 의견이 나올 텐데요. 맞습니다. 실내악이나 오케스트라 연주자들은 앉아서 연주합니다. 프로 연주자들은 오랜 시간 연습한 덕분에 앉아서도 활을 바르게 쓸 수 있기 때문입니다. 또한 연주자마다 키가 다르므로 만약 오케스트라에서 서서 연주한다면 키가 작은 뒷사람이 지휘자를 보기 어려울 수 있습니다. 실내악, 앙상블, 오케스트라에서는 여러 사람의 소리가 조화롭게 어우러지는 것이 중요합니다. 그런데 수십 명의 연주자가 들쭉날쭉 서 있으면 관객도 음악에 집중하기 어렵겠지요.

오케스트라에서는 바이올린이 주 멜로디를 이끌어 가기

때문에 바이올린 파트의 리더가 오케스트라 전체 리더인 악장을 맡습니다. 악장은 바이올린 파트뿐 아니라 현악기 전체 앙상블, 나아가 관악기들의 역할까지 알고 있어야 하는 막중한 자리입니다. 그래서 유명 오케스트라의 경우 누가 악장이 되었다는 소식이 뉴스에 오르내리기도 하지요. 18세기까지 왕실이나 귀족이 운영하던 오케스트라는 규모가 작아서 악장이 지휘를 겸했습니다.

바이올린은 명곡과 명연주자도 매우 많아서 어떤 음악을 들어야 할지 고르기 어려울 때가 많지요. 여기에 소개한 바이올린 독주곡, 바이올린과 피아노 듀엣곡, 오케스트라의 바이올린 독주곡, 그리고 협주곡은 바이올린 음악 중 가장 많이 연주되고 사랑받는 작품들입니다. 시간을 내서 연주 영상을 꼭 보고 듣기를 바랍니다.

요한 제바스티안 바흐(1685~1750년)

바흐는 시대를 막론하고 모든 작곡가와 연주자에게 존경받는 작곡가예요. 그는 무반주 바이올린 소나타와 파르티타partita•, 바이올린 소나타, 바이올린 협주곡 등 바이올린에 관한 곡을 많이 남겼습니다. 특히 무반주 소나타 3곡과 파르티타 3곡은 바이올린 연주 역사상 가장 위대한 작품으로 평가받고 있고, 그중 무반주 파르티타 2번의 마지막 악장인 〈샤콘〉이 가장 유명합니다.

샤콘은 17~18세기 바로크 시대에 유행한 느린 춤곡이에요. 4마디나 8마디의 주제가 먼저 연주되고, 그 후에 여러

• '모음곡'이라는 뜻으로, 바흐의 파르티타 2번은 17세기에 유행하던 춤곡인 알라망드(allamanda), 쿠랑트 (corrente), 사라반드(sarabande), 지가(giga), 샤콘(ciaccona)의 다섯 곡으로 이루어져 있다.

가지 변주가 이어지는 것이 특징이죠. 이 느린 음악에 맞추어 당시 사람들이 어떤 춤을 추었는지는 남은 기록이 없어서 정확히 알 수 없어요. 춤곡이지만 춤은 사라지고 음악만 남은 것이죠. 바흐 외에도 조반니 바티스타 비탈리1632~1692년 등 여러 작곡가가 샤콘을 작곡했지만 바흐의 작품이 가장 유명합니다.

바이올린을 전공하는 연주자라면 입시, 콩쿠르, 오디션에서 반드시 바흐의 무반주곡을 연주해야 해요. 바이올리니스트들은 바흐의 작품을 연주하거나 녹음하는 것을 두려워하면서도 도전하고 싶어 하죠. 어떤 악기의 도움도 없이 바이올린 하나로 멜로디와 화음, 흐름을 만들어 내는 바흐의 깊고 따뜻한 음악은 단순히 연주법만 안다고 해서 연주할 수 없어요. 오랜 경험과 음악을 사랑하는 마음이 함께 있어야만 좋은 연주를 해낼 수 있습니다.

바이올린 **정경화**

바이올리니스트 정경화는 20세기와 21세기를 아우르는 전설적인 바이올리니스트입니다. 바흐 무반주곡 전곡으로 전 세계와 한국에서 투어를 진행했고, 음반도 여러 차례 발표했죠. 이 연주 영상은 명동 성당에서 진행된 아주 멋진 공연입니다.

파가니니 - 바이올린 협주곡 2번 3악장 '라 캄파넬라'
N. Paganini - Violin Concerto No.2 3rd Mov. 'La Campanella'

파가니니는 이탈리아의 세계적인 바이올리니스트이자 작곡가입니다. 독일의 유명한 시인 하인리히 하이네1797~1856년가 파가니니의 연주를 보고 '악마가 도와주지 않고서 저렇게 연주하는 것은 불가능하다.'라는 평을 남길 정도로 놀라운 연주 실력과 음악성을 가지고 있었다고 해요.

파가니니는 무반주 카프리스° 24곡, 바이올린 협주곡 외에 바이올린을 위한 소품곡작은 규모의 곡까지 바이올린곡을 많이 작곡했는데요. 바이올린곡만 작곡한 이유는 자신의 연주 실력을 보여 줄 곡이 없어서였다고 해요. 그래서 파가니니 음악에는 다른 곡에서는 볼 수 없는 묘기에 가까운 연주 기법이 많습니다. 과연 연주할 수 있을지 놀랄 때가 많지요.

이탈리아 제노바에서는 2년마다 파가니니 국제 바이올린 콩쿠르가 열리는데요. 우승자는 파가니니가 사용했던 과르네리 델 제수 Guarneri del Gesù°° 바이올린으로 2년 동안 연주할 기회를 받습니다. 2015년에 우리나라의 바이올리니스트 양인모가 이 콩쿠르에서 우승했죠.

° '변덕', '기발함'이라는 뜻의 이탈리아어로, 파가니니는 카프리스 24곡을 작곡하면서 곡마다 바이올린의 어려운 연주법 하나를 주제로 삼았다.
°° 스트라디바리우스와 더불어 전 세계에서 가장 좋은 현악기를 만들어 낸 제작자이다.

파가니니 바이올린 협주곡 2번 3악장 〈라 캄파넬라〉는 이탈리아어로 '작은 종'이라는 뜻이에요. 귀엽고 작은 종이 반짝반짝 울리는 듯한 바이올린 주제 멜로디가 아주 유명하지요. 이 주제 멜로디를 가지고 바이올리니스트 겸 작곡가인 프리츠 크라이슬러1875~1962년는 바이올린 연주곡을, 프란츠 리스트는 피아노곡을 만들었고요. 여러 영화나 TV 프로그램의 배경음악으로도 자주 사용되었습니다. 블랙핑크는 〈라 캄파넬라〉의 멜로디를 샘플링기존 음악의 일부를 잘라 내어 새로운 곡을 구성하는 방법해서 〈셧 다운〉에서 사용했어요.

바이올린 다니엘 로자코비치

2023년 1월 프랑스에서 열린 자선 갈라 콘서트에서 바이올리니스트 다니엘 로자코비치와 블랙핑크가 〈라 캄파넬라〉와 〈셧 다운〉을 함께 공연한 영상입니다.

피아노 발렌티나 리시차

같은 멜로디를 다른 악기로 연주하는 것을 듣는 것도 재미있지요. 미국의 피아니스트 발렌티나 리시차가 서울 예술의전당에서 리스트가 피아노곡으로 편곡한 〈라 캄파넬라〉를 연주했어요. 피아노로 듣는 파가니니의 종소리는 어떤지 감상해 볼까요?

하인리히 빌헬름 에른스트1812~1865년는 현재 체코 영토인 모라비아에서 태어났습니다. 파가니니의 후계자로 인정받아 그와 함께 연주하기도 했고, 당시 최고의 바이올리니스트였던 요제프 요아힘1831~1907년과 헨리크 비에니아프스키1835~1880년와도 함께 연주하며 가장 유명하고 인기 있는 바이올리니스트로 활동했어요.

에른스트의 〈'여름의 마지막 장미' 주제에 의한 변주곡〉 작곡 배경에는 아일랜드의 유명한 시인 토머스 무어1779~1852년가 쓴 〈여름의 마지막 장미The Last Rose of Summer〉라는 시가 있습니다. 세상을 떠난 친구를 그리워하면서 쓴 시죠.

여름의 마지막 장미 / 홀로 남아 피어 있네 /
아름다웠던 벗들 / 모두 시들어 사라졌네 /
가까이에 장미 친구들 / 꽃봉오리들 없으니 /
붉은빛 홀로 간직할 뿐 / 한숨마저 함께 나눌 수 없네

이 유명한 시에 아일랜드 작곡가 존 스티븐슨1761~1833년이 멜로디를 붙여 쓸쓸하고도 아름다운 노래로 만들었는데요. 노래가 워낙 아름다워서 베토벤과 멘델스존도 이 노래를 악

기 연주로만 이뤄진 기악곡으로 편곡했고, 바이올리니스트
이자 작곡가였던 에른스트는 바이올린 독주곡으로 만들었
습니다. 주제와 6개의 변주로 이루어진 〈'여름의 마지막 장
미' 주제에 의한 변주곡〉은 가장 어려운 바이올린 연주법들
로 이루어져 있어 완벽하게 연주할 수 있는 연주자가 많지
않습니다.

바이올린 미도리

1980년 일본 천재 바이올리니스트 미도리의 카네기홀 독주회 실황 영상입니다.
오래되어 화질이 좋지 않지만 전설적인 연주인 만큼 꼭 들어 보길 추천합니다.

베토벤 - 바이올린 소나타 5번 '봄' 1악장
L. V. Beethoven - Violin Sonata No.5 'Spring' 1st Mov.

루트비히 판 베토벤(1770~1827년)

베토벤은 바이올린이 포함된 곡을 많이 작곡했어요. 바이올린 소나타, 현악 4중주, 로망스, 바이올린 협주곡, 삼중 협주곡 등 바이올린으로 연주할 수 있는 모든 형태의 악곡을 작곡했습니다. 바이올린 소나타는 총 10곡이 있는데, 그중 5번 〈봄〉과 9번 〈크로이처〉 소나타가 가장 많은 사랑을 받고 있어요.

〈봄〉이라는 제목은 베토벤이 직접 붙인 건 아니에요. 이 곡이 처음 발표되었을 때 1악장의 아름다운 멜로디에 매료된 사람들이 입을 모아 봄을 노래한 음악이라고 말하면서 자연스레 붙은 제목입니다. 놀라운 사실은 이 곡을 작곡할 당시 베토벤은 이미 청력을 거의 잃어서 사람들과는 주로 메모로 대화했고, 귀에서 이상한 소리가 나서 두통에 시달렸다고 해요. 가장 외롭고 고통스러운 시기에 모든 사람의 찬사를 받는 아름다운 악곡을 만들어 낸 것이죠.

바이올린 클라라 주미 강
피아노 김선욱

인디애나폴리스 국제 바이올린 콩쿠르 우승자인 클라라 주미 강과 리즈 국제 피아노 콩쿠르 우승자인 김선욱이 함께 연주한 영상입니다. 두 사람은 함께 베토벤 바이올린 소나타 전곡 음반을 발표하기도 했습니다.

비에니아프스키는 폴란드의 세계적인 바이올리니스트이자 작곡가입니다. 파가니니가 다시 태어났다는 평가를 받을 만큼 대단한 실력자였지요. 음악적 재능이 얼마나 뛰어났던지 9살에 파리 음악원에 바이올린으로 수석 입학해 11살에 수석 졸업했고, 다시 14살에 작곡으로 수석 입학해서 이듬해에 수석 졸업했습니다. 19세기 후반에는 바이올리니스트이자 작곡가였던 파블로 데 사라사테1844~1908년와 바이올린계에서 선의의 경쟁을 펼치기도 했습니다.

비에니아프스키도 파가니니처럼 바이올린 협주곡과 짧은 바이올린 연주곡을 많이 작곡했어요. 그중에서도 〈화려한 폴로네즈〉는 바이올린의 까다롭고 화려한 연주 기법을 폴란드의 춤곡 폴로네즈에 접목한 곡입니다.

1935년부터 5년마다 폴란드 포즈난에서 헨리크 비에니아프스키 국제 바이올린 콩쿠르가 열리고 있는데요. 2011년에는 우리나라 바이올리니스트 윤소영이 우승했습니다. 비에니아프스키의 이름을 딴 또 다른 콩쿠르인 헨리크 비에니아프스키 국제 바이올린 제작 콩쿠르도 1957년부터 열리고 있습니다.

바이올린 신지아(신현수)
피아노 김종윤

2008년 롱티보 국제 콩쿠르 우승자이자 2011년 퀸 엘리자베스 국제 콩쿠르에서 3위에 입상한 바이올리니스트 신지아(신현수)의 연주 영상입니다.

타르티니 - 바이올린 소나타 '악마의 트릴'
G. Tartini - Violin Sonata 'Devil's Trill'

주세페 타르티니1692~1770년는 바이올린 연주 역사상 놀라운 연주법을 가진 최초의 음악가로 알려져 있습니다. 타르티니는 바이올린을 위해 모든 것을 헌신했습니다. 바이올린을 연주하고, 학생들을 가르치고, 바이올린 음악을 작곡하며, 교재와 음악 이론서를 집필하고 음악학교를 설립했죠.

타르티니가 음악학교에서 학생들을 가르치며 바이올린 연주 기법을 연구하던 어느 날, 그의 꿈속에 악마가 나타나 엄청난 곡을 연주했다고 합니다. 잠에서 깨어난 타르티니는 기억을 더듬어 그 음악을 악보로 옮겼는데, 그 음악이 바로 이 곡의 3악장 〈악마의 트릴〉이라고 합니다. 재미있는 이야기지만 꿈속에 나온 악마의 연주에서 이 곡이 비롯된 것이 아니라, 음악을 더 아름답게 만들기 위한 타르티니의 끊임없는 연구 덕분에 〈악마의 트릴〉이 탄생한 것이겠지요.

<악마의 트릴>은 원래 바이올린과 하프시코드나 피아노가 함께 연주하도록 작곡되었지만, 워낙 유명한 곡이다 보니 반주 부분을 현악 오케스트라로 편곡해서 연주하는 때도 많습니다.

바이올린 레이 첸
오케스트라 암스테르담 신포니에타

레이 첸은 2009년 퀸 엘리자베스 국제 콩쿠르에서 우승하면서 세계적인 연주자가 되었습니다. 이 영상에서는 전설적인 바이올리니스트 야샤 하이페츠가 사용했던 스트라디바리우스 '돌핀'으로 연주하고 있어요. <악마의 트릴> 부분이 궁금하다면 11분 38초부터 감상하면 됩니다.

생상스 - 죽음의 무도
C. Saint-Saëns - Danse Macabre

프랑스의 작곡가 생상스는 호기심이 많고 도전과 모험을 즐기기로 유명했어요. 1895년 세계 최초로 제작된 뤼미에르의 영화 <열차의 도착>을 보고 충격과 감동을 받은 생상스는 영화에 음악을 더하면 좋겠다고 생각했고, 1908년 <기즈 공

67

의 암살〉이라는 영화의 OST를 만들어 세계 최초의 영화 음악가로 이름을 남겼습니다.

생상스는 여행을 무척 좋아했어요. 당시에는 비행기가 없어서 다른 대륙으로 가려면 몇 달이나 배를 타고 이동해야 했습니다. 그런데도 생상스는 미국, 아프리카는 물론 동남아시아까지 여행을 다녔습니다. 전 세계를 돌아다니며 많은 나라의 이색적인 문화를 경험한 덕분에 특별한 장면을 보고 영감을 얻어 음악으로 표현하는 것을 즐겼다고 해요.

〈죽음의 무도〉는 프랑스의 죽음에 관한 오래된 괴담에서 영감을 얻었다고 합니다. 죽음이 무덤에서 나와 무덤 안의 죽은 자를 모두 불러내어 해 뜰 때까지 춤추게 한다는 옛날 이야기를 읽은 생상스가 그 장면을 관현악곡으로 만든 것이죠. 이 곡에서 죽음은 바이올린 독주로 표현됩니다.

바이올린 **심보라미**
지휘 **신은혜**
오케스트라 **수원시립교향악단**

〈죽음의 무도〉는 피겨 스케이트 김연아 선수가 2008~2009년 시즌의 쇼트 경기곡으로 사용하면서 대중에게도 유명해졌습니다.

림스키코르사코프 - 셰에라자드 2악장 '칼렌다르 왕자'
N. Rimsky-Korsakov - Scheherazade II. 'The Tale of the Kalendar Prince'

림스키코르사코프는 러시아의 유명한 음악학자이자 작곡가입니다. 그의 제자 중에는 알렉산드르 글라주노프[1865~1936년], 프로코피예프, 스트라빈스키와 같이 20세기 음악계를 뒤흔든 놀라운 작곡가들이 많아요. 19세기까지 음악계는 독일 작곡가가 주도했지만, 이후 러시아 음악가가 활약하게 된 데는 림스키코르사코프 같은 훌륭한 스승들이 재능 있는 제자들을 발굴하고 양성한 노력이 있었습니다. 또한 림스키코르사코프는 차이콥스키와 절친한 친구로 지내며 음악가로서 좋은 영향을 주고받았다고 해요.

〈셰에라자드〉는 중동과 아라비아 지역의 옛이야기 모음집인 《아라비안나이트》에서 영감을 받아 작곡된 관현악 모음곡입니다. 신드바드의 대모험, 왕자와 공주 이야기, 술탄 등 독주 악기가 서로 다른 인물을 맡아 이야기를 이끌어 가지요. 〈셰에라자드〉에서는 바이올린 솔로가 주인공 셰에라자드로 등장합니다.

바이올린 솔로는 오케스트라 악장이 맡아 연주하는데요. 곡의 시작부터 끝까지 자신의 솔로 파트를 연주하며 오케스트라와 함께하는 부분도 계속 연주해야 하므로 웬만한 바이올린 협주곡보다 연주가 훨씬 어려워요. 만약 오케스트라의 악장이 되고 싶다면 이 곡을 꼭 연주할 수 있어야 합니다.

바이올린 솔로 데이비드 김
지휘 제라드 슈바르츠
오케스트라 올스타 오케스트라

데이비드 김은 세계적인 오케스트라인 필라델피아 오케스트라에서 1999년부터 현재까지 악장으로 활동하고 있는 바이올리니스트입니다. 이 영상에서는 올스타 오케스트라의 초청으로 〈셰에라자드〉의 솔로 부분을 연주하고 있습니다.

멘델스존 - 바이올린 협주곡
F. Mendelssohn - Violin Concerto

펠릭스 멘델스존(1809~1847년)

멘델스존은 38년이라는 짧은 삶을 살았지만 음악계에 중요한 업적을 많이 남겼습니다. 특히 오랜 시간 잊혔던 대음악가 바흐의 작품을 연주회에 올리며 세계 음악사에 큰 획을 그었지요. 음악계는 음악의 근본이었던 바흐에 열광했습니다.

멘델스존은 라이프치히 게반트하우스 오케스트라를 13년간이나 이끌었습니다. 그뿐 아니라 유명한 연주자들을 설득하고 모아서 라이프치히 음악원을 만들었습니다. 이 학교는 독일에서 가장 오래된 음악대학으로 우리나라 전공생들도 이곳으로 유학을 많이 가고 있지요.

거침없이 음표를 써 내려가는 게 특기였던 멘델스존이 특별히 신중하고 꼼꼼하게 곡을 쓴 것이 바로 이 바이올린 협주곡입니다. 그는 친한 친구이자 라이프치히 게반트하우스 오케스트라 악장이며 라이프치히 대학 바이올린 교수인 페르디난드 다비드1810~1873년에게 악보를 보여 주고 조언을 구하면서 곡을 만들었어요. 멘델스존 바이올린 협주곡은 바이올린 협주곡 중에서 가장 따뜻하고 아름다운 멜로디를 가지고 있습니다.

바이올린 길 샤함
지휘 요엘 레비
오케스트라 KBS교향악단

그래미상● 수상자인 미국의 대표적인 바이올리니스트 길 샤함의 따뜻하고 아름다운 연주가 멘델스존 협주곡과 아주 잘 어울립니다.

● 미국 음반·예술 산업 아카데미가 수여하는 세계적인 음악상으로, 1959년부터 개최되어 올해의 음반, 올해의 노래, 신인상 등 각 음악 분야를 시상한다.

차이콥스키 - 바이올린 협주곡
P. I. Tchaikovsky - Violin Concerto

표트르 일리치 차이콥스키(1840~1893년)

차이콥스키는 러시아식 낭만주의를 완성한 러시아 대표 작곡가입니다. 그는 유럽과 독일 중심이던 19세기 후반 클래식 음악계에 관현악곡 〈로미오와 줄리엣〉, 교향곡 〈비창〉, 발레 음악 〈백조의 호수〉와 〈잠자는 숲속의 미녀〉 등을 통해 러시아식 낭만주의가 무엇인지 확실히 알렸지요. 지금도 특유의 '아름다움'으로 전 세계에서 사랑받고 있어요.

차이콥스키의 피아노 협주곡과 바이올린 협주곡은 발표 당시 연주하기 너무 어렵다는 이유로 연주자들에게 거절당했습니다. 곡은 완성했지만 연주자를 구하지 못해 연주회를 열 수 없었죠. 다행히 이 곡의 아름다움을 알아본 피아니스트와 바이올리니스트 들이 열심히 연습해 어려운 연주법을 극복해 내면서 가장 사랑받는 협주곡으로 자리 잡았습니다.

음악회에서 직접 들어 보면 웅장한 오케스트라를 뚫고 나오는 바이올린 독주의 화려함에 눈을 뗄 수 없을 거예요.

바이올린 아우구스틴 하델리히
지휘 리오넬 브랑키에
오케스트라 핀란드 방송 교향악단

아우구스틴 하델리히는 5살 때부터 바이올린을 배운 영재이지만 15살에 큰 화재로 팔을 제외한 전신에 화상을 입어 오랫동안 투병 생활을 했어요. 그러나 아픔을 딛고 다시 바이올린을 시작해 세계적인 연주자가 되었죠. 그는 미국 예일 대학교 교수이자 2023~2024년에 전 세계에서 가장 많은 연주를 한 바이올리니스트입니다.

브람스 - 바이올린 협주곡
J. Brahms - Violin Concerto

요하네스 브람스(1833~1897년)

브람스는 바흐, 베토벤과 함께 독일의 'The GREAT 3B' 작곡가로 불리는 위대한 작곡가입니다. 바이올린 소나타 3곡

을 비롯해 비올라 소나타, 첼로 소나타, 현악 4중주, 현악 5
중주, 현악 6중주, 바이올린 협주곡, 바이올린과 첼로를 위
한 이중 협주곡까지 현악기로 가능한 모든 조합의 악곡을
만들었지요. 그의 음악은 묵직하면서 꽉 찬 화음이 특징입
니다.

브람스의 바이올린 협주곡은 베토벤, 멘델스존 협주곡과
함께 3대 바이올린 협주곡으로 꼽힙니다. 다른 작곡가의 작
품에서는 듣기 어려운 중음역대의 깊이 있는 소리와 고음역
대의 부드러운 소리를 잘 표현했습니다.

바이올린 임지영
지휘 마린 알솝
오케스트라 벨기에 국립 오케스트라

퀸 엘리자베스 국제 콩쿠르는 세계에서 가장 규모가 크고 어려운 국제 콩쿠르입니
다. 많은 연주자가 이 콩쿠르에서 우승하기를 바라지요. 2015년 바이올린 부문에서
는 한국인 바이올리니스트 임지영이 우승을 차지했습니다. 이 영상은 당시 결선 실
황 연주입니다.

<h1 style="text-align:right">강하지만 부드러운
비올라</h1>

비올라는 바이올린이나 첼로에 비해 독주 악기로서의 가치가 매우 늦게 인정받은 악기입니다. 직접 배우는 학생이 아니라면 비올라를 실제로 보거나 독주 연주를 들어 본 사람이 많지 않을 거예요. 사진으로는 바이올린과 비올라를 구분하기가 쉽지 않지만 비올라는 바이올린보다 조금 더 두꺼워서 턱과 어깨 사이에 끼고 연주할 때 상당히 버거운 느낌이 듭니다.

또한 비올라는 바이올린보다는 소리가 굵고 음정은 5도 낮아요. 5도가 낮다는

▲ 비올라(왼쪽)와 바이올린(오른쪽)의 크기 비교

것은 바이올린의 가장 낮은 음이 '솔'이라면 비올라의 가장 낮은 음은 그보다 아래인 '도'라는 의미입니다.

17~18세기까지 비올라는 바이올린과 첼로 사이에서 중간 음역대로서 바이올린의 멜로디를 받쳐 주는 화성과 리듬을 담당했습니다. 하이든의 100곡이 넘는 현악 4중주곡에서도 비올라 소리를 따로 구분해 듣기가 어려울 정도이지요.

비올라를 바이올린과 동등한 독주 악기로 끌어올린 첫 작곡가는 모차르트입니다. 모차르트는 중간 음역대의 매력적인 비올라 음색을 정확히 포착해 작품에 담아냈습니다. 모차르트 덕분에 이후 작곡가들은 비올라의 역할을 확실히 하면서 다채로운 음악을 만들 수 있었어요.

비올라의 크기는 바이올린과 첼로와 달리 15인치, 16인치, 16인치 반처럼 전체 길이로 표기합니다. 15인치부터 18인치까지 다양한 크기가 있는데, 연주자들은 체격만 가능하다면 큰 사이즈를 선호합니다. 악기가 클수록 소리가 풍성해져 표현력이 좋아지기 때문입니다. 하지만 무작정 큰 악기를 쓸 수는 없어요. 악기를 들고 연주하는 만큼 악기가 너무 크면 몸에 무리를 주어 오히려 연주를 잘 해낼 수 없으니까요. 그래서 비올라 연주자는 자신의 체격과 표현력에 맞는 악기를 고르는 것이 매우 중요합니다.

20세기에 들어서며 비올라는 비약적으로 발전했습니다. 많은 작곡가가 비올라 곡을 작곡하기 시작했고 킴 카쉬카시안[1952~], 유리 바슈메트[1953~], 타베아 치머만[1966~] 같은 스타 연주자들이 전 세계를 누비며 비올라 곡을 음반으로 발표했죠. 이를 통해 비올리스트도 솔리스트로 성공할 수 있다는 것이 증명되자 점점 더 많은 비올리스트가 등장했습니다.

바흐 - 무반주 첼로 모음곡 1번 중 '프렐류드' 비올라 버전
J. S. Bach - Cello Suite No.1 중 'Prélude' (Transcr. for Viola)

바흐는 무반주 현악기 독주 연주곡으로 바이올린 소나타와 파르티타 6곡, 첼로 모음곡 6곡을 작곡했습니다. 이 곡은 원래 첼로를 위한 곡으로 작곡되었어요. 비올라는 오랫동안 독주 악기로 인정받지 못했기 때문에 바이올린과 첼로에 비해 레퍼토리가 상대적으로 적습니다. 그래서 첼로 명곡을 비올라로 연주하는 경우가 많아요.

비올라와 첼로는 한 옥타브 정도 차이 나기 때문에 악보를 함께 보는 게 어렵지 않습니다. 첼로 악보를 한 옥타브 올려서 연주하면 웬만한 첼로 음악은 비올라로 연주할 수 있지요. 다만 모든 첼로 음악이 비올라에 어울리는 것은 아니므로 음색과 소리의 성질을 잘 살펴봐야 합니다. 목관악기인 클라리넷도 비올라와 음역대가 비슷해서 클라리넷 곡을 비올라로 연주하기도 해요.

타베아 치머만은 현재 전 세계에서 가장 많은 공연을 하는 비올리스트입니다. 이 곡
은 원래 첼로곡인 만큼 첼로 부분에서 다시 소개할 텐데요. 두 곡을 꼭 같이 들어 보
기 바랍니다.

바흐/카자드쥐 - 비올라 협주곡
J. C. Bach/H. G. Casadesus - Viola Concerto

요한 크리스티안 바흐1735~1782년는 대음악가 요한 제바스
티안 바흐의 막내아들로, 모차르트가 런던에 머물 때 교향
곡 작곡법을 가르친 스승입니다. 앙리 귀스타브 카자드쥐
1879~1947년는 유명한 비올리스트이자 작곡자였습니다. 이 곡
은 비올라 연주 레퍼토리에서 절대로 빼놓을 수 없는 중요
한 작품이지만 작곡가가 누구인지에 대해서는 의견이 엇갈
립니다. 작곡자의 첫 악보가 소실되었기 때문이죠.

카자드쥐는 1901년에 친구 생상스와 함께 고악기 협회
를 창설하여 잊힌 음악을 발굴하고 알리는 일을 했는데요.
그때 찾아낸 악보가 바로 이 협주곡입니다. 여러 정황상 요
한 크리스티안 바흐의 작품으로 추정되지만 완전히 확신할
수 없어 카자드쥐의 이름도 함께 표기하고 있습니다.

비올리스트 김상진은 한국을 대표하는 비올리스트입니다. 그의 아버지인 비올리스트 겸 지휘자 김용윤 교수는 1970년대부터 활동한 우리나라 1세대 비올라 연주자로 버르토크의 비올라 협주곡을 비롯한 많은 비올라 연주곡을 국내 초연한 아티스트였죠. 그 뒤를 이은 김상진 역시 독주회, 실내악, 챔버 뮤직 등 다양한 무대에 오르며 현재 한국에서 가장 활발한 연주 활동을 펼치는 비올리스트입니다.

슈베르트 - 아르페지오네 소나타
F. Schubert - Arpeggione Sonata

프란츠 슈베르트(1797~1828년)

슈베르트는 600곡이 넘는 가곡•을 작곡했습니다. '가곡의

• '독일 예술가곡'을 가리키는 것으로, 19세기 유럽 낭만주의 문학 대가 괴테, 하이네, 뮐러의 시를 가사로 붙여 피아노 반주로 부르는 노래를 말한다.

왕'이라는 별명이 있을 정도로 어떤 악기도 노래처럼 들리게 하는 마법 같은 재능이 있었지요. 하지만 너무 가난해 세상을 떠나기 1년 전에야 겨우 피아노를 살 수 있었다고 해요. 그전까지는 머릿속으로 작곡한 뒤 악보에 적고, 여기저기 남의 피아노를 빌려 연습하며 음악 활동을 이어 갔답니다.

슈베르트는 평생 베토벤을 존경하며 그와 같은 위대한 음악가를 꿈꾸었습니다. 슈베르트의 마음을 알고 있던 많은 사람이 슈베르트가 세상을 떠났을 때 베토벤의 묘 옆에 묻히게 해주었죠. 오스트리아 빈 중앙묘지에 가면 베토벤 묘 옆에 있는 슈베르트 묘를 만날 수 있습니다.

〈아르페지오네 소나타〉는 첼로와 매우 비슷하지만 줄이 6개 달린 아르페지오네라는 악기를 위해 슈베르트가 작곡했어요. 아르페지오네는 거의 사용되지 않아 지금은 사라진 악기가 되었지만 이 곡이 무척 아름다워서 비올라나 첼로로 연주되고 있습니다.

비올라 아드리앙 부아소
피아노 가스파르 데하네

부아소는 막스 로스탈 국제 콩쿠르에서 우승한 후 세계적인 현악 4중주단 에벤 콰르텟의 비올라 주자로 활동했습니다. 피아니스트 데하네는 스타인웨이 아티스트(피아노 제조사인 스타인웨이가 연주 실력을 공식 인정한 피아니스트)이자 파리 고등 음악원 교수입니다.

브람스 - 비올라 소나타 1번 4악장
J. Brahms - Viola Sonata No.1 4th Mov.

브람스는 3개의 바이올린 소나타, 2개의 첼로 소나타에 이어 2개의 클라리넷 소나타를 작곡했습니다. 그리고 얼마 지나지 않아 클라리넷 소나타 두 곡 모두 비올라 소나타로 다시 만들었습니다. 피아노 파트는 그대로 두고, 클라리넷 악보를 비올라 음색에 어울리게 조정했죠. 비올라만의 어둡고도 따뜻한 소리가 잘 드러나는 아름다운 곡으로 재탄생되었습니다. 이 작품은 클라리넷으로도 비올라로도 모두 많이 연주되는 명곡이에요.

이 작품은 브람스가 세상을 떠나기 3년 전에 완성한, 그의 마지막 소나타입니다. 브람스 소나타의 결정판이라고 할 수 있죠.

비올라 킴 카쉬카시안
피아노 로버트 레빈

카쉬카시안을 빼놓고는 비올라의 연주 역사를 말할 수 없습니다. 카쉬카시안은 거의 모든 비올라 곡을 음반으로 발표했습니다. 현재는 미국 뉴잉글랜드 음악원 교수로서 많은 연주자를 키워 내며 연주 활동을 이어 가고 있습니다.

오펜바흐 - 재클린의 눈물
J. Offenbach - Jacqueline's Tears

자크 오펜바흐(1819~1880년)

오펜바흐는 독일에서 태어나 프랑스로 유학을 가서 활동한 첼리스트이자 작곡가입니다. 코믹 오페라와 오페레타°의 대가로 알려져 있죠.

그는 파리에서 지휘자로 활동하다가 1855년에 '부프 파리지앵'이라는 300석 규모의 소극장을 열어 자기 작품인 〈지옥의 오르페우스〉, 〈호프만의 이야기〉를 포함해 90여 편의 작품을 발표했습니다. 이 극장을 통해 작은 규모의 작품들이 널리 알려지게 되었지요. 특히 캉캉 춤으로 유명한 〈지옥의 오르페우스〉는 1858년 발표 이후 1년 내내 공연될 정도로 인기가 많았습니다. 파리 중심부에 있는 부프 파리지앵은 지금도 공연장으로 운영되고 있으며, 루브르 박물관에서 걸어서 10분, 오페라 가르니에에서는 8분 거리에 있답니다.

〈재클린의 눈물〉은 오펜바흐가 살아 있을 때는 연주되지 않았습니다. 당시에는 오펜바흐가 이런 곡을 작곡했다는 것을 아무도 몰랐죠. 그의 인기작은 대부분 코믹 오페라였지만 그가 첼리스트였다는 점을 고려하면 첼로곡을 작곡했을 것이라고 충분히 짐작할 수 있습니다.

훗날 첼리스트 베르너 토마스[1941~]가 100년 만에 오펜바흐의 작품집에서 이 미발표곡을 찾아냈습니다. 토마스가 1988년 첼리스트 재클린 뒤프레를 추모하는 연주회에서 이 곡을 연주하면서 〈재클린의 눈물〉이라는 제목이 붙게 되었죠. 이 곡 역시 원래 첼로곡이지만 비올라 특유의 슬프고 어두운 음색이 곡의 분위기와 잘 어울려서 비올라로도 자주 연주됩니다.

비올라 리처드 용재 오닐
오케스트라 **디토 오케스트라**

비올리스트 리처드 용재 오닐은 2021년 최고의 클래식 독주 악기 부분에서 그래미상을 받으며 '비올라의 승리'라는 소감으로 화제를 모았습니다. 바이올리니스트나 첼리스트의 수상은 많았지만 비올리스트로서는 2013년 카쉬카시안에 이어 두 번째였기 때문입니다.

＊ 오페라와 오페레타는 노래와 오케스트라가 함께한다는 공통점이 있다. 하지만 오페레타는 오페라와 달리 유머러스하고 코믹한 주제를 다루며 대사가 있다. 오페레타는 극의 길이가 1시간 정도로 오페라보다 훨씬 짧고 규모도 작아서 주로 소극장에서 공연된다.

영혼을 울리는
첼로

첼로는 현악기 중 바이올린 다음으로 연주자가 많은 악기입니다. 바이올린이 언제나 독주 악기였던 것과 달리 17~18세기까지 첼로는 독주 악기가 아니었어요. 하지만 첼로는 멜로디 악기인 바이올린을 받쳐 주는 통주저음^{바소 콘티누오basso continuo} 악기로서 매우 중요했습니다.

통주저음은 바로크 시대의 반주 기법으로, 당시 악보를 보면 음표 밑에 숫자들이 쭉 적혀 있어요. 첼로 연주자는 이 숫자를 보고 화음을 계산하며 반주를 이어 나갔습니다. 머릿속으로 숫자를 계산하며 연주하느라 바로크 시대의 첼리스트들은 정말 바빴겠지요?

19세기에 첼로에 엔드 핀이 도입되면서 연주 기법에 큰 변화가 생겼습니다. 그전까지는 첼로를 다리 사이에 끼우고

▲ T자 위에 첼로의 엔드 핀을 고정하고 연주하는 첼리스트

연주했는데, 엔드 핀 덕분에 악기를 고정하고 몸을 앞으로 숙여 힘을 더 줄 수 있게 되었죠. 그러자 바이올린에서만 가능했던 고난도 기법을 첼로에서도 할 수 있게 되었답니다.

엔드 핀과 함께 없어서는 안 될 소품으로 T자가 있습니다. 말 그대로 알파벳 T 모양의 고정 장치로, 최근에는 다양한 모양으로 출시되고 있죠. T자는 철제 엔드 핀이 바닥을 손상하거나 연주할 때 악기가 미끄러지는 것을 방지해 줍니다. T자의 끝부분을 의자 다리에 건 다음, 긴 부분 위에 첼로의 엔드 핀을 고정해서 연주하면 됩니다.

사람 목소리와 음역대가 가장 비슷한 악기로는 비올라나 클라리넷 등이 있지만, 많은 전문가는 첼로를 꼽습니다. 첼로는 음폭이 넓어 낮은음부터 높은음까지, 또 남성과 여성의 목소리 음역대를 모두 표현할 수 있습니다.

바흐의 무반주 첼로 모음곡을 이야기할 때 전설적인 첼리스트 파블로 카잘스1876~1973년를 빼놓을 수 없습니다. 바흐가 사망한 후 이 악보가 사라지는 바람에 사람들은 이런 곡이 있었는지도 몰랐거든요. 카잘스는 어느 날 바르셀로나의 헌책방에서 오래된 첼로 악보 하나를 발견합니다. 악보에 바흐의 이름이 적혀 있었지만, 바흐의 첼로곡에 대한 기록이 적고 당시에는 가짜 악보가 워낙 많아서 처음에는 진품인지 확신할 수 없었죠.

바흐의 곡인지 확인하는 가장 확실한 방법은 연주를 해보는 것이었습니다. 카잘스는 곧장 연습을 시작했죠. 악보를 연구하고 연습하면서 그는 이 곡이 200년간 잊혀 있던 바흐의 작품임을 깨달았습니다. 그렇게 무려 12년간의 연구와 연습 끝에 전곡을 세상에 선보였지요. 카잘스 이후로 유명한 첼리스트라면 누구나 바흐 무반주 모음곡 전곡을 음반으로 발표하고 있습니다.

6곡으로 이루어진 바흐의 무반주 첼로 모음곡은 바흐의 무반주 바이올린 소나타와 파르티타처럼 아무런 반주 없이 혼자서 모든 공간을 자신의 음으로 채우며 연주해야 합니다. 대학 입시, 국제 콩쿠르, 각종 오디션에서 항상 출제되는, 첼리스트라면 연주해 내야 하는 필수 과제이자 완벽히 마스터하기에는 무척 어려운 대곡이기도 하죠. 이 6곡 중의 1번 〈프렐류드〉가 대중에게 가장 잘 알려져 있습니다.

첼로 요요 마

세계문화유산인 프랑스 파리의 노트르담 대성당은 2019년 화재로 크게 훼손되었다가 5년간의 복원 작업 끝에 2024년 재개관했습니다. 20세기와 21세기를 걸쳐서 활동하는 최고의 첼리스트 중 한 명인 요요 마는 노트르담 성당 재개관 기념 연주회에서 바흐의 이 작품을 연주했습니다.

라흐마니노프 - 보칼리제
S. Rachmaninoff - Vocalise

세르게이 라흐마니노프1873~1943년는 러시아에서 태어나 미국으로 망명한 피아니스트 겸 작곡가입니다. 키가 198cm였고, 손을 벌리면 도에서 옥타브를 지나 솔까지 한 번에 누를 수 있을 만큼 손이 컸다고 합니다. 라흐마니노프의 피아노곡에 8~9개의 음을 동시에 눌러야 하는 어려운 부분이 많은 이유가 자신은 큰 손으로 쉽게 연주할 수 있었기 때문이라고 합니다.

라흐마니노프는 교향곡, 첼로 소나타, 가곡, 피아노 소나

타와 같이 피아노가 포함된 곡을 많이 남겼습니다. 〈보칼리
제〉는 원래 라흐마니노프의 가곡인데요. 멜로디가 매우 아
름다워서 성악처럼 비브라토가 가능한 악기인 바이올린이
나 첼로로도 많이 연주되고 있습니다.

첼로 고티에 카푸송
피아노 니콜라이 루간스키

21세기 첼리스트는 고티에 카푸송, 앨리사 와일러스타인, 솔 가베타의 3파전이라고
해도 과언이 아닙니다. 그중에서도 카푸송은 명품 브랜드 앰배서더까지 맡을 만큼
대중적으로 잘 알려져 있죠. 니콜라이 루간스키는 쇼스타코비치, 라흐마니노프 등
으로 대표되는 러시아 음악의 최고 권위자이자 한국에서도 자주 공연하는 피아니
스트입니다.

생상스 - 동물의 사육제 중 '백조'

C. Saint-Saëns - The Carnival of the Animals 중 *'Le cygne(The Swan)'*

생상스는 유머와 번뜩이는 아이디어가 가득한 사람이었
습니다. 자칫 따분해 보이는 클래식 음악을 어떻게 하면 친
근하게 알릴 수 있을지 고민했죠.

14곡의 관현악 모음곡인 〈동물의 사육제〉는 피아노, 바이
올린, 비올라, 첼로, 더블 베이스, 플루트, 클라리넷 등 각
악기의 특성을 살려 사자, 닭, 당나귀, 거북이, 코끼리, 캥

거루, 뻐꾸기, 새, 백조 등을 음악으로 묘사한 유쾌한 명곡입니다. 인간을 대표하는 피아니스트는 체르니 연습곡 1번을 거만한 자세로 앉아서 엉망진창으로 연주하도록 악보에 지시되어 있어요. 12번째 곡 〈화석〉에서는 자신이 쓴 〈죽음의 무도〉를 실로폰으로 연주하게 하죠. 마지막 축제 부분에서는 모든 동물이 오펜바흐의 〈캉캉〉과 함께 행진합니다.

〈백조〉는 이 중 13번째 곡이자 첼로 독주곡으로, 생상스가 가장 아꼈던 작품이기도 합니다. 피아노 반주로 잔잔한 호수를, 솔로 첼로는 그 위에서 우아하게 떠 있는 백조를 표현했지요. 우리나라에서는 이 곡이 브리튼의 〈청소년을 위한 관현악 입문〉, 프로코피예프의 〈피터와 늑대〉와 함께 청소년 음악회에서 자주 연주되고 있습니다.

첼로 세쿠 카네 메이슨

클래식 음악계는 주로 백인이 주도하고 있습니다. 1970년대 이후 아시아 연주자들이 두각을 나타냈지만 흑인 연주자들의 활약은 최근까지도 드물었죠. 이런 가운데 첼리스트 카네 메이슨은 놀라운 연주력으로 돌풍을 일으키고 있습니다. 온라인 클래식 사이트 바흐트랙(Bachtrack)이 매년 발표하는 공연 횟수 순위에서 최근 몇 년간 1위를 차지할 만큼 인기가 대단합니다.

카를 마리아 폰 베버1786~1826년는 어릴 때부터 건강이 좋지 않아 잘 걷지 못했고, 커서는 사고로 성대를 다쳐 목소리를 제대로 내지 못하는 등 많은 고난을 겪었습니다. 그럼에도 오페라를 작곡하고 지휘하며 작품 공연에 최선을 다했지요. 오케스트라 단원과 오페라 가수 들이 지휘를 잘 볼 수 있도록 지휘봉을 처음 도입한 지휘자로도 알려져 있습니다.

베버는 하이든의 동생인 미하엘 하이든에게 작곡법을 배웠고, 16살 차이에도 불구하고 베토벤과 친한 친구로 지냈답니다. 베토벤이 커피를 매우 좋아한다고 사람들에게 알려준 이도 베버였지요. 베토벤의 집은 어수선했지만 악보와 커피 기계만 깨끗했다고 합니다. 또한 베버의 부인은 모차르트의 부인과 사촌 사이여서 베버와 모차르트는 인척 관계이기도 했습니다.

〈무도회의 권유〉는 한 신사가 귀부인을 무도회로 초대해서 함께 춤을 추다가 퇴장한다는 이야기를 담은 곡입니다. 베버가 피아노곡으로 만든 곡을 베를리오즈가 관현악곡으로 편곡했는데요. 요즘에는 관현악 버전이 더 자주 연주됩니다. 이 곡에서 주인공 신사 역할을 맡은 악기가 바로 첼로입니다.

리처드 뱀핑은 홍콩 필하모닉 오케스트라의 수석 첼리스트입니다. 홍콩 필하모닉 오케스트라는 2019년 클래식 음반 잡지 《그라모폰》에서 선정한 '올해의 오케스트라'로, 아시아를 대표하는 오케스트라 중 하나인데요. 한국에서도 여러 번 공연한 적이 있습니다.

하이든 - 첼로 협주곡 1번 3악장
F. Haydn - Cello Concerto No.1 3rd Mov.

프란츠 요제프 하이든(1732~1809년)

하이든은 바로크 시대와 고전주의 시대를 잇는 연결 고리이자 당시 가장 유명하고 존경받는 음악가였습니다. 현재 하이든의 첼로 협주곡은 2곡만 전해지는데요. 1800년대 초기에는 5곡 이상의 악보가 하이든 첼로 협주곡이라는 이름으로 판매되고 연주되었습니다. 그가 너무 유명한 나머지, 하이든의 작곡법을 흉내 내어 곡을 만든 다음 하이든의 작품이라고 속여 악보를 파는 사람들이 생겨났죠. 다행히 얼마 지나지 않아 하나를 제외하고 모두 가짜임이 드러났습니다.

그런데 가짜 악보들이 여기저기 돌아다니는 와중에 정작 진짜 협주곡이었던 1번 악보가 사라져 200년간 아무도 알지 못했습니다. 그러다 1961년 프라하 국립 박물관에서 사라졌던 하이든 첼로 협주곡 필사본 악보가 발견되었습니다. 수많은 전문가가 진위를 검증한 끝에 하이든의 진짜 악보임이 입증되었죠. 그렇게 기록으로만 남아 있던 명곡이 200년 만에 세상에 나오게 되었답니다.

첼로 장 기엔 케라스
지휘 야니크 네제 세갱
오케스트라 유럽 챔버 오케스트라

프랑스 출신의 첼리스트인 케라스는 바흐 무반주 모음곡 앨범으로 디아파종 황금상*을 수상했습니다. 그의 레퍼토리는 바흐, 하이든부터 한국 작곡가 진은숙까지 폭넓지요. 2019년에는 LG아트센터에서 내한 공연으로 하이든 협주곡 1번을 연주해 기립박수를 받았습니다.

---

* 1958년부터 프랑스 클래식 전문 잡지 《디아파종》이 수여하는 권위 있는 상으로, 매년 발표된 클래식 음반 중 뛰어난 작품을 선택해 수여한다. 한국인으로는 백건우(1992년, 2002년), 정경화(1997년), 임동혁(2002년), 임윤찬(2024년)이 이 상을 받았다.

바이올린곡 〈사랑의 인사〉로 잘 알려진 에드워드 엘가1857~1934년는 영국의 작곡가로 〈수수께끼 변주곡〉, 〈위풍당당 행진곡〉, 〈현을 위한 세레나데〉, 바이올린 협주곡, 교향곡 등의 수많은 곡을 남겼습니다. 20세기 초반까지 활동했던 작곡가라서 엘가가 직접 지휘하며 연주한 영상들이 꽤 많이 남아 있어요.

엘가의 첼로 협주곡은 첼리스트 재클린 뒤프레를 빼놓고는 이야기할 수 없습니다. 이 곡이 처음 연주되었을 때 사람들은 형편없는 곡이라며 혹평을 늘어놓았죠. 하지만 이 곡의 진가를 알아본 뒤프레는 곡 속에 담긴 가슴 절절한 슬픔을 잘 표현했습니다. 그 덕분에 엘가의 첼로 협주곡은 첼로 음악에서 절대 빼놓을 수 없는 명곡이 되었답니다.

온몸이 굳어 가는 다발경화증으로 10년밖에 활동하지 못하고 28세에 은퇴했지만, 뒤프레의 연주는 첼로 연주의 역사를 완전히 바꿔 놓았습니다. 아쉽게도 음향과 화질이 좋은 영상이 없어서 여기에서 소개하지 못했습니다. 뒤프레의 엘가 협주곡 연주 음반을 꼭 들어 보기를 권합니다.

솔 가베타는 현존하는 최고의 첼리스트입니다. 첼로는 악기가 커서 상대적으로 체격이 작은 여성이 연주하기에 불리한 면이 없지 않은데요. 그럼에도 가베타는 큰 소리로 무대를 장악하며 순식간에 음악으로 관객을 사로잡는 놀라운 연주자입니다.

차이콥스키 - 로코코 바리에이션
P. I. Tchaikovsky - Variations on a Rococo Theme

차이콥스키는 피아노, 바이올린, 첼로 협주곡을 각각 1곡씩 작곡했습니다. 이 협주곡들은 각 악기 분야에서 가장 중요한 레퍼토리로 손꼽히죠. 1958년부터 4년마다 모스크바 음악원에서 열리는 차이콥스키 국제 콩쿠르는 결선에서 반드시 차이콥스키 협주곡을 연주해야 합니다. 이 음악원은 차이콥스키가 교수로 근무했던 곳이죠.

〈로코코 바리에이션〉은 제목이 암시하듯 18세기 프랑스에서 유행한 로코코 양식의 아름다움을 음악으로 표현한 곡입니다. 같은 시대이지만 차분하고 어두웠던 바로크 양식과 달리 로코코는 밝고 화려하고 세련됐죠. 이 곡은 주제와 7개의 변주로 이루어져 있습니다.

첼로 최하영
지휘 정명훈
오케스트라 KBS교향악단

첼리스트 최하영은 2022년 퀸 엘리자베스 국제 콩쿠르에서 한국인 최초의 첼로 부문 우승자입니다. 마에스트로 정명훈은 독일 드레스덴 슈타츠카펠레 수석 객원지휘자, 라디오 프랑스 필하모닉 오케스트라 명예 음악감독과 KBS교향악단 계관 지휘자를 겸하고 있고요. 2027년부터는 세계적인 권위의 오페라단인 이탈리아 라 스칼라 극장의 음악감독으로 취임합니다. 지휘자 정명훈은 라 스칼라 극장 274년 역사상 최초의 아시아인 감독이 됩니다.

드보르자크 - 첼로 협주곡 3악장
A. Dvořák - Cello Concerto 3rd Mov.

안토닌 드보르자크(1841~1904년)

드보르자크는 체코를 대표하는 작곡가입니다. 어린 시절 바이올린과 비올라를 배웠던 영향인지 9곡의 교향곡 외에도 현악 4중주곡을 14곡이나 썼지요. 협주곡은 피아노, 바이올린, 첼로 협주곡이 각 1곡씩 있는데, 그중에서는 첼로 협주곡이 가장 유명합니다.

드보르자크는 스메타나가 지휘자로 있던 프라하 오케스트라의 비올라 단원으로 활동했었는데요. 그의 재능을 알아본 스메타나가 작곡가가 될 것을 권유했다고 합니다. 이후 드보르자크는 작곡에 전념하기 위해 교향악단을 그만두고 교회 오르가니스트로 일하면서 작곡 활동을 시작했습니다. 브람스가 그의 재능을 알아보고 음악계에 적극 추천했고, 드보르자크는 차이콥스키와도 친분을 쌓으며 작곡 활동을 이어 갔습니다.

1892년 드보르자크는 미국 뉴욕의 국립음악원 원장으로 일하게 되어 미국으로 이주합니다. 이 시기에 그는 교향곡 9번 〈신세계로부터〉, 현악 4중주 〈아메리카〉와 첼로 협주곡을 발표합니다. 드보르자크의 첼로 협주곡은 다른 음악가들의 첼로 협주곡보다 규모가 매우 크고 웅장하며, 뛰어난 연주 실력과 음악성, 강한 체력이 있어야 연주할 수 있습니다. 특히 3악장은 빠른 속도와 탄력, 그리고 대범한 표현력이 필요하지요.

첼로 **스티븐 이설리스**
지휘 **알란 길버트**
오케스트라 **베를린 필하모닉**

첼리스트 이설리스는 영국 왕실 훈장을 받은 명연주자이자 어린이들을 위한 음악책 《클래식 음악의 괴짜들》 시리즈를 비롯해 많은 음악책을 집필한 작가이기도 합니다.

화음의 뿌리가 되는
더블 베이스

현악기 중 가장 낮은 음을 가진 악기는 더블 베이스입니다. 우리나라에서는 콘트라베이스라고 부르기도 하지요. 더블 베이스double bass는 영어식 표현이고, 독일어식 표현인 'kontra bass'의 발음은 콘트라 바스입니다. 그런데 언제부턴가 이 두 언어의 단어를 섞어서 콘트라베이스라고 부르는 사람이 많아졌죠. 하지만 이는 옳은 표현이 아니니 더블 베이스나 콘트라 바스라는 정확한 표현을 사용하는 것이 좋겠습니다.

더블 베이스는 길이가 190cm 이상이고, 무게도 17~18kg이 넘어서 들고 다니는 것조차 쉽지 않습니다. 더블 베이스도 1/4, 1/2, 3/4, 4/4 등의 사이즈가 있지만 악기가 너무 큰 탓에 바이올린이나 첼로처럼 어린 나이에 배우기에는 어려움이 많습니다. 중학생 이상이 되면 도전해 볼만하죠.

예전보다 많이 알려지고 실력 있는 연주자들도 늘었지만 더블 베이스는 아직 독주 악기로 쓰이기보다는 앙상블과 오케스트라에서 화음의 바닥을 단단히 다져 주는 중요한 역할을 합니다.

더블 베이스는 흔히 접할 수 없는 악기라서 음악 외적인 것에 관한 질문을 많이 받습니다. 예를 들면 '이 큰 악기를 어떻게 운반하나요?' 같은 질문이죠. 더블 베이스는 워낙 커서 일반 승용차에 실을 때 가로나 세로로는 실을 수 없습니다. 조수석에서 운전자 뒤 좌석 방향으로, 대각선으로 넣어야 겨우 들어가죠.

오케스트라의 더블 베이스 연주자들은 바이올린, 비올라, 첼로 또는 다른 관악기 연주자와 달리 자기 악기를 가지고 다니지 않습니다. 오케스트라가 더블 베이스, 하프, 팀파니, 마림바, 큰북같이 대형 악기들을 보유하고 있기 때문이죠. 대형 악기를 전문으로 관리하고 운반하는 부서가 따로 있을 정도예요. 그래서 오케스트라의 더블 베이스 연주자들은 자신의 활만 가지고 다니며 오케스트라의 악기로 연주합니다. 그렇다면 더블 베이스로 연주한 곡들에는 무엇이 있는지 알아볼까요?

비토리오 몬티1868~1922년는 이탈리아 출신의 작곡가 겸 지휘자입니다. 이 곡은 헝가리 민속 춤곡 〈차르다시〉를 바이올린과 오케스트라에 맞추어 편곡한 작품입니다. 멜로디가 흥미롭고 매우 빠른 속도로 연주해야 하는 고난도 곡이지요. 하지만 까다로운 기술을 재치 있게 풀어냈기에 여러 악기로 편곡되어 연주되고 있습니다.

특히 이 곡은 더블 베이스나 튜바처럼 무겁고 다소 둔해 보이는 악기의 연주자들이 이런 빠른 곡도 연주할 수 있다는 것을 보여 주고 싶을 때 선보이는 연주곡입니다. 바이올린만큼 빠른 속도로 더블 베이스를 연주하는 모습을 보면 놀라지 않을 수가 없죠.

더블 베이스 성민제
피아노 최현호

성민제는 우리나라 더블 베이시스트 중 솔리스트로 이름을 알린 첫 연주자입니다. 그가 연주하는 〈차르다시〉는 어떤 느낌일지 감상해 볼까요?

구스타프 말러(1860~1911년)

말러는 작곡가이기 전에 세계적인 지휘자였습니다. 대작곡가 브람스도 말러가 지휘하는 모차르트의 오페라 〈돈 조반니〉를 보고 나서 '말러보다 〈돈 조반니〉를 더 잘 연주하는 사람은 없다.'라고 극찬했죠.

말러는 프라하, 함부르크, 라이프치히, 부다페스트를 거쳐 빈 오페라극장 음악감독, 뉴욕 메트로폴리탄 오페라 지휘자, 뉴욕 필하모닉 음악감독을 지냈습니다. 20세기 초반의 유명 오케스트라들이 모두 말러와 함께했죠. 너무 바쁜 연주 일정 때문에 말러는 오케스트라 연습이 없는 새벽이나 휴가 중에 겨우 작곡을 할 수 있었습니다. 하지만 오케스트라와 늘 함께했던 덕에 교향곡 작곡에 대한 아이디어가 넘쳤다고 하네요.

말러는 교향곡 1번에서 자신의 인생을 펼쳐 나가듯 풀어
냅니다. 특히 3악장에는 가슴 아픈 사연이 담겨 있죠. 시장
근처에서 자란 말러는 어린 시절 너무 가난해서 밥을 먹지
못하는 날이 먹는 날보다 많았다고 합니다. 아파도 병원에
갈 돈이 없어서 12남매 중 5명이 어릴 때 병으로 세상을 떠
났대요.

3악장은 더블 베이스 솔로로 시작하는데요. 'Are you
sleeping~ Are you sleeping~ Brother John~'이라는 귀여운
동요를 슬픈 단조로 연주합니다. 동요를 슬프게 연주한다니
굉장한 파격이죠. 아침이 되었으니 일어나야 하지만 밤사이
너무 아파서 일어나지 못하는 동생들을 향한 마음을 오케스
트라 악기 중 가장 낮은 음인 더블 베이스로 표현한 것입니
다.

더블 베이스 솔로 로드리고 모로 마틴
지휘 안토니오 파파노 경
오케스트라 런던 심포니 오케스트라

3악장에서는 아주 조용하고 천천히 팀파니가 둥둥둥 전주를 치면, 더블 베이스 수석
이 슬픔을 꾹 눌러 참는 듯 8마디짜리 동요를 연주합니다. 오케스트라 곡에서 더블
베이스가 솔로로 등장하는 경우는 굉장히 드뭅니다. 말러는 엄숙하고 장엄하게, 그
렇지만 질질 끌지는 말고 연주하라는 주문을 악보에 남겼는데요. 이런 분위기를 낮
은음 악기인 바순, 첼로, 튜바가 돌림노래로 이어 갑니다.

조반니 보테시니1821~1889년는 더블 베이스 솔리스트로서 이름을 알린 최초의 연주자이자 지휘자입니다. 1871년 베르디의 오페라 〈아이다〉의 초연을 지휘했고, '더블 베이스의 파가니니'라는 별명을 얻을 만큼 놀라운 연주 실력도 지니고 있었습니다.

더블 베이스의 가치를 알리고 싶었던 보테시니는 더블 베이스 협주곡을 작곡하고, 많은 곡을 더블 베이스곡으로 편곡해서 연주했습니다. 이뿐 아니라 많은 사람이 더블 베이스라는 악기를 이해하기를 바라는 마음에 더블 베이스 연주법에 관한 책을 출판하기도 했어요. 작곡과 지휘로 무척 바빴지만 보테시니는 더블 베이스를 알릴 수 있다면 작은 무대라도 마다하지 않고 찾아가 연주했다고 합니다.

보테시니 사후 100주년을 기념하며 1989년에 시작된 보테시니 국제 콩쿠르는 더블 베이스 연주자들에게 가장 중요한 콩쿠르입니다. 2024년에는 더블 베이시스트 유시헌이 한국인 최초로 우승했죠.

더블 베이스 **리나트 이브라기모프**
피아노 **캐서린 에드워즈**

1995년부터 2014년까지 런던 심포니 오케스트라의 더블 베이스 수석 연주자로 활동했던 이브라기모프는 이 영상에서 명기 갈리아노로 연주합니다. 더블 베이스는 악기를 만드는 데 많은 목재가 들어가서 다른 현악기들보다 악기 수가 적은 편입니다. 그래서 오래된 명기가 특히 귀하지요.

쿠세비츠키 - 더블 베이스 협주곡
S. Koussevitzky - Double Bass Concerto

세르게이 쿠세비츠키[1874~1951년]는 러시아 출신의 더블 베이시스트이자 작곡가, 지휘자입니다. 25년간이나 보스턴 교향악단을 지휘한 명지휘자였지만, 지휘자이기 전에 유명한 더블 베이스 연주자였습니다.

쿠세비츠키는 더블 베이스 연주곡이 부족한 것이 안타까워 많은 곡을 더블 베이스 곡으로 편곡했습니다. 이 더블 베이스 협주곡은 쿠세비츠키가 직접 작곡하고 최초로 연주하면서 널리 알려졌습니다. 현재는 더블 베이스 연주자들의 필수 연주곡이 되었답니다.

더블 베이스 마르크 앙드레
지휘 제이슨 헤르만 세구라 에레라
오케스트라 루체른 예술대학 오케스트라

더블 베이시스트 마르크 앙드레는 독주 악기로서의 더블 베이스를 알리기 위해 노력하는 아티스트입니다. 젊은 연주자답게 SNS를 통해 팬과 자주 소통하고, 자신의 유튜브 채널에 연주 영상을 끊임없이 공개하고 있죠. 이 영상에서는 19세기 악기 제작 명인 마르틴 스토스(1778~1838년)가 1827년에 만든 악기로 연주하고 있습니다.

Chapter 4

같이 연주할 때
더 매력적인 현악기

앞서 바이올린, 비올라, 첼로, 더블 베이스의 특징을
알아보고 각각 독주 악기로서 연주하는 곡을 들어 봤으
니 이제 둘, 셋, 그 이상 여러 악기가 함께 연주하는 곡
들을 살펴보도록 하겠습니다. 독주 악기로 연주할 때
는 화려함이 돋보였다면, 둘 또는 셋이 함께할 때는 즐
겁고도 따뜻한 울림이 주로 전해집니다. 넷이서 연주할
때는 완벽한 하모니를, 여러 명이 연주할 때는 웅장함
을 느껴 볼 수 있지요.

현악 2중주

어떤 악기든 2명의 연주자가 함께할 때는 서로의 기량을 뽐내듯 경쟁하다가도 결국에는 아름다운 화음을 이루게 됩니다. 한 명이 주도적으로 멜로디를 연주할 때 다른 한 명은 반주로 받쳐 주다가 서로 역할을 바꾸어 다른 느낌을 선사하기도 하죠. 이처럼 듀엣은 두 연주자가 서로의 소리에 귀 기울이며 아주 재미있게 진행되는 실내악입니다.

이제 여러 명곡을 통해 각기 다른 특색을 지닌 바이올린 듀엣, 바이올린과 비올라 듀엣, 첼로 듀엣, 더블 베이스 듀엣과 다양한 연주를 알아보도록 할까요? 화려함과 따스함이 함께하는 멋진 연주를 들어 볼 수 있습니다.

‖: 바이올린 듀엣 :‖

벨러 버르토크1881~1945년는 헝가리 전통 음악을 수집하고 정리하여 자신의 음악 스타일로 만들어 낸 20세기 최고의 작곡가입니다. 버르토크의 복잡하고 화려하며 혁신적인 협주곡과 관현악곡들은 지금도 많이 연주되고 있지요.

하지만 그가 어려운 곡만 만든 작곡가는 아니에요. 버르토크는 자기 아들이 좀 더 재미있고 쉽게 피아노를 배울 수 있도록 《미크로코스모스》라는 피아노 교본을 집필하기도 했습니다. 피아노 학원에서 이 책을 배워 본 사람도 있을 거예요.

버르토크는 피아노뿐 아니라 바이올린을 위한 쉽고 재미있는 2중주 작품을 44곡이나 만들었어요. 〈미뉴에트〉, 〈여름밤〉, 〈슬로바키아 노래〉, 〈헝가리안 노래〉, 〈결혼 행진곡〉, 〈베개〉, 〈옛날옛날에〉, 〈모기춤〉, 〈새해인사〉, 〈웃긴 춤〉 등 제목만 훑어봐도 궁금해지는 곡들이지요. 곡마다 2분을 넘지 않고 쉽고 재미있는 리듬과 귀여운 멜로디로 구성되어 있어요. 이 악보는 저작권이 만료된 악보들을 정리해 둔 IMSLP 사이트imslp.org에서 무료로 다운로드받을 수 있습니다. 많이 어렵지 않아서 조금만 연습하면 연주할 수 있을 거예요.

바이올리니스트 구스타보 서긱과 홀거 코흐는 모두 독일 슈투트가르트 국립 오페라단의 연주자들입니다. 이 연주가 진행되는 무대는 평소에는 오페라 공연이 진행되는 슈투트가르트 오페라극장 무대에요. 2020년 팬데믹으로 오페라와 같이 많은 연주자가 등장하는 연주를 할 수 없게 되자 두 바이올리니스트는 이 오페라극장 무대에서 버르토크의 바이올린 듀엣곡을 연주했습니다.

사라사테 - 나바라
P. Sarasate - Navarra for 2 Violins and Piano

파블로 데 사라사테[1844~1908년]는 바이올린 역사에서 절대 빼놓을 수 없는 바이올리니스트이자 작곡가입니다. 파가니니와 비에니아프스키가 그랬듯이 작곡가이기 전에 뛰어난 연주 실력과 음악성을 지닌 바이올리니스트였어요. 사라사테는 사람들이 자신을 천재라고 부르는 것을 싫어했습니다. 30년 넘게 하루도 거르지 않고 매일 10시간 이상 연습했기 때문에, 자신의 음악은 노력의 결과라고 생각했던 것이죠.

60개가 넘는 그의 작품은 모두 바이올린 음악입니다. 그중 가장 유명한 곡은 〈치고이너바이젠〉인데요. 치고이너바이젠은 '집시의 노래'라는 뜻으로, 자유분방하고 정열적인 집시의 모습을 바이올린의 고난도 연주 기법으로 표현한 곡이에요.

　　사라사테는 생상스의 협주곡 3번과 〈서주와 론도 카프리치오소〉, 랄로의 〈스페인 교향곡〉, 브루흐의 〈스코틀랜드 환상곡〉과 협주곡 2번, 비에니아프스키의 협주곡 2번 등 많은 바이올린곡을 초연했습니다. 경쟁자이자 친구였던 비에니아프스키도 자신의 곡 초연을 사라사테에게 맡겼을 정도로 두 사람의 실력과 우정도 대단했지요.

　　〈나바라〉는 사라사테가 태어난 스페인 지방의 민속 춤곡을 바이올린 듀엣으로 만든 곡입니다. 춤곡 반주에 사용된 캐스터네츠를 2명의 바이올리니스트가 번갈아 가며 표현하는데, 한 연주자가 캐스터네츠처럼 연주할 때 다른 연주자는 무용수의 춤을 연주로 표현합니다. 이 곡은 바이올린으로 할 수 있는 최고의 기교와 스페인 전통 춤을 현란하게 엮어서 만든 음악입니다.

▼ 캐스터네츠를 이용한 스페인 춤

바이올린 폴 황, 엄단비
피아노 오리온 와이스

바이올리니스트 폴 황은 세종솔로이스츠 멤버이자 국립 타이베이 예술학교 교수이고, 바이올리니스트 엄단비는 메뉴힌 국제 바이올린 콩쿠르 수상으로 이름을 알리기 시작해 현재 링컨센터 실내악협회의 멤버로 활동하고 있습니다. 피아니스트 오리온 와이스는 세계적인 바이올리니스트들이 함께 연주하고 싶어 하는 피아니스트로 손꼽힙니다.

쇼스타코비치 - 5개의 소품
D. Shostakovich - 5 Pieces for 2 Violins and Piano

드미트리 쇼스타코비치는 제2차 세계대전 이후 냉전 시대에 프로코피예프와 함께 소련오늘날의 러시아을 대표하는 20세기의 중요한 작곡가 중 한 명입니다. 그는 현악 4중주, 소나타, 협주곡, 오페라, 합창곡, 관현악곡, 교향곡 등 여러 분야에서 뛰어난 작품을 남겼습니다. 레닌상, 스탈린상, 인민예술가상 등 소련에서 그만큼 많은 상을 받은 작곡가는 없었지요. 소련과 미국이 대립하고 단절된 상황에서도 쇼스타코비치는 미국에서 인기가 많았습니다. 미국에서 그의 새 작품 악보를 얻으려는 경쟁이 치열했죠.

쇼스타코비치는 어렵고 심각한 음악만 작곡하지는 않았습니다. 누구나 부를 수 있는 짧고 쉬운 노래들을 비롯해 10

곡이 넘는 연극 음악, 30곡 이상의 영화 음악을 남겼을 정도로 이야기를 음악으로 표현하는 것을 아주 좋아했죠.

이 〈5개의 소품〉은 쇼스타코비치의 친구인 레프 아토프미안1901~1973년이 쇼스타코비치의 발레 모음곡, 연극 음악, 영화 음악에서 가장 아름다운 곡을 모아서 바이올린 듀엣과 피아노로 연주할 수 있게 편곡한 작품입니다. 프렐류드, 가보트, 엘레지, 왈츠, 폴카로 구성된 이 곡은 러시아 특유의 우울함과 우아함, 슬픔 가운데에서도 품위를 잃지 않으려는 아름다움, 그리고 절제된 유머를 담고 있습니다. 앞서 소개한 사라사테의 〈나바라〉와는 전혀 다른 분위기의 곡이죠.

바이올린 대니 구, 박규민
피아노 원재연

바이올리니스트 대니 구는 친근하고 즐거운 클래식이 무엇인지 보여 주면서 단숨에 최고의 인기 연주자가 되었습니다. 바이올리니스트 박규민은 칼라치 현악 4중주단 멤버이자 베를린 슈타츠카펠레의 부악장으로 활동하고 있고, 피아니스트 원재연은 스타인웨이 아티스트이자 2017년 부조니 국제 피아노 콩쿠르 준우승자로서 활발한 연주 활동을 펼치고 있습니다.

‖: 바이올린과 비올라 듀엣 :‖

헨델/할보르센 - 파사칼리아
G. F. Handel/J. Halvorsen - Passacaglia

헨델은 바흐와 더불어 바로크 시대를 대표하는 작곡가입니다. 두 사람은 같은 해에 태어났지요. 바흐는 독일에서, 헨델은 영국에서 활동하며 여러 번 만날 기회가 있었지만 결국 만나지는 못했다고 합니다. 영국에서 대작곡가로 존경받으며 살았던 헨델은 평생 모은 재산을 가난한 사람들에게 나눠 주고 세상을 떠났고, 웨스트민스터 사원에 묻혔습니다.

〈파사칼리아〉는 원래 하프시코드를 위한 작품이에요. 이 곡을 노르웨이의 바이올리니스트이자 작곡가인 요한 할보르센1864~1935년이 현악기 듀엣으로 편곡했는데, 원곡보다 이 편곡 버전이 더 유명해 자주 연주되고 있어요. 주로 바이올린과 비올라 또는 바이올린과 첼로로 연주됩니다.

바이올린 양인모
비올라 리처드 용재 오닐

바이올리니스트 양인모는 2015년 파가니니 국제 바이올린 콩쿠르에 이어 2022년 장 시벨리우스 국제 바이올린 콩쿠르에서도 우승한 세계적으로 실력을 인정받은 아티스트입니다. 국제 콩쿠르 두 곳에서 우승한 연주자는 아주 드물답니다. 이 영상은 그래미상 수상자인 비올리스트 오닐과의 완벽한 호흡을 자랑하는 연주입니다.

앞서 모차르트가 비올라의 매력을 발견해 작곡한 곡이 있다고 했는데요. 그 곡이 바로 이 〈신포니아 콘체르탄테〉입니다. 바이올린 솔리스트와 비올라 솔리스트가 대등한 위치에서 멜로디를 주고받는 최초의 곡이죠.

모차르트는 악기마다 각자의 특징이 있는 것이지 어떤 악기가 더 우월하거나 열등한 것은 아니라고 생각했습니다. 작곡가가 해야 할 일은 각 악기의 음색에 맞는 역할을 부여하는 것이라고 보았죠. 〈신포니아 콘체르탄테〉는 바이올린의 밝고 화려한 음색과 비올라의 묵직하고 웅장한 음색을 살려서 같은 멜로디도 각 악기만의 매력으로 다르게 들리게 하는 명곡입니다.

바이올린 노아 벤딕스 발글레이
비올라 타베아 치머만
오케스트라 카라얀 아카데미

발글레이는 현재 베를린 필하모닉의 악장입니다. 카라얀 아카데미는 베를린 필하모닉에서 후원하고 운영하는 곳으로, 차세대 오케스트라 연주자를 발굴하고 육성하고 있지요. 베를린 필하모닉의 많은 단원이 이곳 출신입니다.

파가니니 - 모세 변주곡
N. Paganini - Moses Variations on one string

니콜로 파가니니(1782~1840년)

파가니니는 당대의 뛰어난 바이올리니스트이자 작곡가였습니다. 〈모세 변주곡〉은 이탈리아의 오페라 작곡가 조아키노 로시니1792~1868년의 오페라 〈이집트의 모세〉에 나오는 노래에서 비롯되었습니다. 이 노래를 듣고 무척 마음에 든 파가니니가 그 주제를 바이올린곡으로 편곡한 작품이 바로 〈모세 변주곡〉입니다.

다양한 연주 기법을 활용해 편곡했기 때문에 〈모세 변주곡〉에는 다른 곡에서는 보기 힘든 어려운 기법들이 가득 담겨 있지요. 파가니니가 자신의 뛰어난 실력을 자랑하기 위해 만든 곡이라 웬만한 사람들은 연주해 낼 수 없을 정도로 어렵게 구성되어 있습니다.

파가니니가 만든 원곡은 바이올린과 피아노로 연주하지만, 이 영상에서는 첼로 듀엣을 위해 편곡한 버전으로 연주합니다. 이 작품의 정확한 제목은 〈한 줄 위에서 연주하는 모세 변주곡(Moses Variations on one string)〉인데요. 연주 영상을 보면 멜로디를 맡은 연주자는 음의 높낮이와 상관없이 한 줄에서만 연주합니다.

‖: 더블 베이스 듀엣 :‖

림스키코르사코프 - 왕벌의 비행
N. Rimsky-Korsakov - Flight of the Bumblebee

니콜라이 림스키코르사코프(1844~1908년)

림스키코르사코프가 누군지 기억하나요? 앞서 바이올린 음악에서 소개한 〈셰에라자드〉의 작곡가가 바로 림스키코르사코프입니다. 림스키코르사코프는 오페라, 가곡과 같은 이야기를 음악으로 표현하는 것을 즐겼던 작곡가이기도 합니다. 〈왕벌의 비행〉은 그의 오페라 〈술탄 황제의 이야기〉 속에 나오는 작품이에요. 왕자가 마술에 걸려 왕벌로 변하는 순간과 왕벌이 움직이는 모습을 섬세한 음표들로 묘사한 곡입니다.

〈왕벌의 비행〉은 피아노, 바이올린, 첼로, 더블 베이스 등 다양한 악기로 편곡되어 연주되고 있어요. 연주자끼리 이 곡을 누가 더 빨리 연주하는지 도전하기도 합니다.

더블 베이스 레프 웩슬러

이 영상은 더블 베이시스트 웩슬러가 자신의 연주를 2번 녹화해 2중주처럼 편집한 것입니다. 더블 베이스로 이렇게 빠른 연주가 가능하다는 사실에 깜짝 놀랄 거예요.

첼로 요요 마
노래 바비 맥퍼린

첼리스트 요요 마와 그래미상을 10번이나 받은 미국의 팝가수 맥퍼린이 함께 공연한 영상입니다. 이렇게 서로 다른 분야의 음악가들이 만나 함께 연주하는 것을 크로스오버(crossover)라고 합니다. 1989년에 공개된 이 영상은 화질이 다소 흐릿하지만 음악적 완성도는 아주 뛰어납니다.

현악 3중주

클래식 음악에서 트리오 연주라고 하면 일반적으로 피아노, 바이올린, 첼로로 구성된 피아노 3중주를 가리킵니다. 피아노는 한 번에 여러 음을 낼 수 있어 소리가 풍부하고 화려하므로 3중주에서는 피아노 3중주가 자주 연주됩니다. 반면에 바이올린, 비올라, 첼로로 구성된 현악 3중주곡은 상대적으로 곡 수는 적지만, 아기자기하고 부드러우면서도 따스하고 화사한 분위기로 많은 사랑을 받고 있습니다.

〈골드베르크 변주곡〉은 바흐가 자신의 제자이자 하프시

코드 연주자였던 요한 고틀리프 골드베르크1727~1756년를 위해 작곡한, 건반악기를 위한 변주곡입니다. 주제인 아리아와 30개의 변주로 구성되어 있지요.

바흐가 살던 시대에는 피아노가 없어서 이 곡은 원래 피아노의 원형인 건반악기 중 하나인 쳄발로로 연주되었는데, 1955년 피아니스트 글렌 굴드1932~1982년가 처음으로 피아노로 연주한 음반을 발매하면서 더 유명해졌습니다. 주제인 아리아는 현악 3중주, 현악 앙상블, 기타 듀엣, 재즈 피아노, 오르간 등 다양한 버전으로 편곡되어 연주되고 있으며, 여러 영화와 드라마의 배경음악으로도 사용되었답니다.

바이올린 양인모
비올라 **리처드 용재 오닐**
첼로 **문태국**

첼리스트 문태국은 2014년 카잘스 국제 첼로 콩쿠르에서 우승했고, 차이콥스키 국제 콩쿠르, 퀸 엘리자베스 국제 콩쿠르에서 입상한 실력 있는 아티스트입니다. 바흐 무반주 모음곡 음반을 발표하기도 했죠. 앞서 소개한 양인모, 리처드 용재 오닐, 문태국은 2020년 이후 한국을 대표하는 스타 연주자들입니다.

드보르자크 - 테르제토
A. Dvořák - Terzetto

드보르자크는 유머와 아이디어가 풍부한 작곡가였습니

다. 그가 살던 당시에 전 유럽을 연결하는 기차와 기차역이 막 생겨나고 있었어요. 프라하 기차역 근처에서 살았던 그는 매일 같이 기차역에 나가 기차 구경하는 것을 좋아했대요. 그러다가 기차 바퀴가 굴러가는 모습에서 착안해 그 유명한 〈유머레스크〉를 작곡했다고 합니다.

〈테르제토〉는 바이올린 2대와 비올라 1대로 연주하는 실내악곡입니다. 첼로가 있는 다른 현악 실내악곡과 달리 낮은음이 없어 보다 가볍고 따뜻한 분위기가 나지요. 곡 전체가 발랄하고 생기가 넘치며, 첼로가 없으니 모두 서서 연주할 수 있어서 세 연주자의 움직임이 생동감 넘칩니다.

이 곡 초연에 재미있는 사연이 있는데, 비올라 연주자였던 드보르자크와 함께 초연에 참여한 바이올린 연주자 요제프 크루이스는 그의 집에 세 들어 살던 화학 전공 대학생이었어요. 바이올린을 취미로 했지만 한 집에 살았던 덕에 드보르자크 작품 초연에 참여하는 영광을 얻었지요.

바이올린 다니엘 스타브라바, 크시슈토프 폴로네크
비올라 이그나치 미에츠니코프스키

〈테르제토〉를 연주하는 세 사람은 모두 베를린 필하모닉의 연주자들입니다. 스타브라바는 35년간 베를린 필하모닉의 악장으로서 전설적인 지휘자들과 함께 베를린 필하모닉을 이끌었지요. 폴로네크는 현 베를린 필하모닉 악장이에요. 드보르자크와 크루이스처럼 오래 호흡을 맞춰 온 연주자들의 앙상블이 돋보이는 연주입니다.

슈베르트는 극도로 소심하고 내성적이어서 길에서 아는 사람을 만나도 아주 친하지 않으면 인사조차 하지 못했다고 합니다. 평생 존경했던 베토벤이 눈앞에 있어도 얼굴이 붉어지며 부끄러워서 말 한마디 걸지 못하고 뒷걸음질 쳤다고 하는군요. 하지만 슈베르트는 마음을 열고 지내는 친구들과는 밤새도록 음악 이야기를 나누고 연주하기를 즐겼다고 해요. 그러다 문득 좋은 아이디어가 떠오르면 훌쩍 사라져서 며칠이고 작곡에만 몰두한 채 누구와도 연락하지 않았죠.

슈베르트는 가곡의 왕이지만 실내악곡에도 뛰어난 재능이 있었습니다. 소수의 친구와 오랫동안 친분을 쌓은 것이 실내악곡 작곡에 영향을 주었죠. 그의 현악 3중주는 거실에서 친구들이 즐겁게 대화를 나누는 것처럼 이야기를 펼쳐 나갑니다.

바이올린 **베로니카 에버를**
비올라 **아미하이 그로스**
첼로 솔 **가베타**

바이올리니스트 에버를, 비올리스트 그로스, 첼리스트 가베타는 실제로도 아주 친한 친구 사이입니다. 슈베르트가 그랬던 것처럼 세 연주자는 표정까지 자연스레 주고받으면서 즐겁게 연주하고 있습니다.

현악 4중주

　제1바이올린, 제2바이올린, 비올라, 첼로로 구성된 현악 4중주는 실내악의 가장 기본적인 편성입니다. 제1바이올린이 주로 멜로디를 연주하고, 제2바이올린과 비올라는 내성內聲•을 단단히 채워 주지요. 제2바이올린은 제1바이올린과 멜로디를 함께 연주하기도 하고, 첼로가 멜로디를 연주할 때는 비올라와 함께 리듬을 받쳐 주기도 해요. 내성이 없는 실내악은 골다공증 환자의 뼈처럼 구멍이 숭숭 난 소리가 납니다. 비올라는 풍성한 소리로 중간 음역을 단단히 만들어 나가지요.

• '안쪽에 있는 음'이라는 뜻으로, 3개 이상의 음이 함께 연주될 때 가장 높은 음인 멜로디와 가장 낮은 음인 베이스 사이에 있는 음들을 말한다. 현악 4중주에서는 제2바이올린과 비올라가 내성을 맡는다.

전문가들은 제2바이올린과 비올라의 연주가 훌륭하면 좋은 연주가 나온다고 말합니다. 어떤 음악가는 비올라를 음악의 심장부라고 말했고, 또 다른 음악가는 현악 4중주 음악을 와인병에 빗대어 첼로는 병 모양, 제1바이올린은 라벨, 제2바이올린과 비올라는 와인 자체라면서 내성이 음악의 중심임을 강조했어요. 첼로는 바이올린 다음으로 멜로디를 자주 연주하면서 굵고 낮은 음으로 현악 4중주의 받침대 역할을 합니다.

하이든 68곡, 모차르트 23곡, 베토벤 17곡, 브람스 3곡, 차이콥스키 3곡, 드보르자크 14곡, 버르토크 6곡, 쇼스타코비치 15곡 등 많은 작곡가가 현악 4중주곡을 남겼습니다. 현악 4중주곡은 다른 실내악과 달리 오랫동안 호흡을 맞춰야만 연주할 수 있어서 대부분 전문 현악 4중주단이 연주합니다.

하이든 - 현악 4중주 '종달새'
F. Haydn - String Quartet 'The Lark'

하이든은 68곡의 현악 4중주곡을 만들었는데요. 하이든보다 더 많은 현악 4중주곡을 쓴 작곡가는 없습니다. 연주 활동도 많았던 하이든은 작곡까지 해야 해서 매일 아주 바빴습니다.

놀라운 점은 하이든이 많은 작품을 작곡했을 뿐 아니라 그의 작품들이 음악사에서 중요한 위치에 있다는 것이에요. 현악 4중주 형식을 확립한 사람이 하이든입니다. 그의 후기 현악 4중주 작품은 교향곡처럼 구조가 복잡합니다.

〈종달새〉는 하이든의 현악 4중주곡 중 가장 유명하고 아름다운 곡입니다. 제1바이올린 연주자의 1악장 시작 멜로디가 마치 새가 지저귀며 날아다니는 것 같다고 해서 붙여진 별명이에요. 이 주제 멜로디는 4명의 연주자를 통해 변형되고 반복되면서 아름다운 자연과 새의 움직임을 세련되게 표현합니다.

일중독으로 바쁘고 피곤한 삶을 살았지만 하이든은 유머를 잃지 않았습니다. 그의 현악 4중주에는 〈농담〉, 〈5도〉, 〈황제〉, 〈세레나데〉, 〈개구리〉 등의 재미난 제목이 붙어 있습니다. 제목만 봐도 어떤 분위기일지 상상이 되지 않나요?

골드문트 콰르텟

골드문트 현악 4중주단이 연주하고 있는 악기는 모두 스트라디바리우스입니다. 전설적인 바이올리니스트 파가니니가 한때 소유했던 악기 중 현악 4중주용 4대 한 세트를 '파가니니 콰르텟'이라고 하는데요. 이 영상은 일본음악재단에서 소유한 파가니니 콰르텟으로 골드문트 콰르텟이 연주하는 영상이에요. 네 악기가 모두 스트라디바리우스인 덕분에 소리가 더욱 조화롭고 아름답습니다. 이 연주가 진행된 산토리홀은 전 세계에서 음향이 가장 좋은 홀로 손꼽입니다.

31년밖에 살지 못했던 슈베르트는 하루 한 끼 먹기도 힘들 만큼 가난했고 병에 시달렸습니다. 부모님도 일찍 돌아가셨고, 14남매 중 9명의 형제자매가 어린 나이에 세상을 떠났죠. 이런 가정환경 때문에 슈베르트는 매사에 조심스럽고 고민이 많았으며, 죽음에 대해 깊이 생각할 수밖에 없었습니다.

슈베르트는 자신의 가곡 〈죽음과 소녀〉의 멜로디를 이 곡 2악장에서 다시 한번 사용했습니다. 가곡의 가사는 죽음과 소녀가 대화하는 형식으로 펼쳐지는데, 소녀는 죽음에 '나는 아직 어리니 나를 지나가 달라.'고 사정합니다. 아마도 어린 시절의 경험에서 영향을 받았겠지요. 이 곡은 현악 4중주 연주자들의 필수 레퍼토리이며, 죽음을 피하려는 어린 소녀의 필사적인 싸움이 현악기들의 열정적인 연주로 표현됩니다.

벨체아 콰르텟

벨체아 콰르텟은 1994년에 창단하여 지금까지 세계 정상의 자리를 지키고 있는 현악 4중주단입니다. 전설적인 알반 베르크 현악 4중주단에 가르침을 받았고, 우리나라의 노부스 콰르텟을 세계적인 연주 단체로 이끌어 준 스승이기도 합니다.

베드르지흐 스메타나[1824~1884년]는 지금의 체코 시골 지역에서 태어나 프라하에서 활동한 음악가입니다. 그가 살았던 시기의 체코는 독립국가가 아니라 오스트리아령 보헤미아 왕국의 일부였습니다. 동북부 유럽은 전쟁이 끊이지 않았고, 1918~1992년까지는 체코슬로바키아라는 하나의 국가였다가 1993년에 체코와 슬로바키아로 분리되었죠. 체코 사람들은 끊임없는 전쟁과 억압 속에서 힘들게 살아갈 수밖에 없었습니다. 스메타나는 네 자녀 중 셋을 어린 나이에 잃었고, 부인도 일찍 세상을 떠났습니다. 스메타나 본인도 오십 대에 귓병을 앓다가 청력을 완전히 잃어버렸죠.

스메타나의 현악 4중주곡 〈나의 생애로부터〉는 이러한 고난의 시기를 이겨 내며 살아간 그의 목소리와도 같습니다. 이 곡은 비올라의 절규하는 듯한 선율로 시작됩니다.

멕코어 콰르텟

이 연주 영상은 영국 런던에 있는 위그모어홀에서 촬영되었습니다. 1901년에 설립된 이 아담한 콘서트홀은 독주회나 실내악 전용홀로, 세계적으로 인정받은 연주자에게만 무대에 설 기회가 주어집니다. 멕코어 콰르텟은 2012년 위그모어홀 국제 현악 4중주 콩쿠르에서 2위로 입상하면서 세계적으로 인정받는 실내악단이 되었어요.

알렉산드르 보로딘(1833~1887년)

브로딘은 작곡가 중 가장 특이한 이력을 가졌습니다. 상트페테르부르크 의대를 졸업하고 교수이자 화학자로 살면서 시간이 날 때만 작곡 활동을 했어요. 그래서 그는 자신을 '일요일의 작곡가'라고 불렀습니다.

보로딘은 단순한 과학자가 아니었어요. 화학자로서도 뛰어난 업적을 남겼는데 그중 하나가 화학 반응 중 하나인 '보로딘 반응'입니다. 여학생들을 위한 의과대학 수업을 개설하고, 러시아 최초의 여성 의과대학을 설립하는 데 큰 힘을 보태기도 했지요.

과학자로서의 바쁜 일정에 더해 아픈 아내를 간병하고 집안일까지 하느라 보로딘에게는 작곡 시간이 부족해서 그의 작품은 몇 개 되지 않아요. 그럼에도 그가 음악사에서 이름을 남길 수 있었던 것은 그의 작품이 모두 명곡이기 때문입니다. 그의 대표작으로는 현악 4중주 2번 라장조와 오페라 〈이고리 공〉이 있습니다. 특히 현악 4중주 2번 3악장 〈녹턴〉은 눈 덮인 러시아의 아름다운 자연을 평화롭게 표현한 곡으로 유명하죠.

아마니 콰르텟 : 3악장 연주

아마니 콰르텟은 러시아의 작곡가 니콜라이 아마니(1872~1904년)를 기념하며 2017년에 만들어진 실내악단입니다. 이 악단은 4중주에만 집중하지 않고 2중주부터 5중주까지 여러 구성의 실내악을 다루는, 폭넓은 음악을 구사하는 연주자들로 구성되어 있어요.

보로딘 콰르텟: 전곡 연주

1945년 모스크바 음악원의 연주자 4명이 현악 4중주단으로 활동하던 중, 소련은 이들의 뛰어난 연주력을 인정하면서 작곡가 보로딘을 기념하기 위해 '보로딘 콰르텟'이란 이름을 허락했습니다. 나라를 대표하는 연주자로 인정받은 것이죠. 보로딘 콰르텟은 작곡가 쇼스타코비치와 친분을 쌓으며 그의 작품에 영향을 주었고 그의 현악 4중주 작품들을 초연했습니다. 이 영상은 2000년 1월 19일 모스크바 콘서바토리 그레이트홀에서 열린 보로딘 콰르텟 55주년 기념 연주회 실황입니다. 화질은 다소 떨어지지만 역사적 가치가 있는 영상입니다.

드보르자크 - 현악 4중주 12번 '아메리카' 2악장
A. Dvořák - String Quartet No.12 'American' 2nd Mov.

드보르자크는 작곡가이면서 매우 개방적이고 깨어 있던 지식인이자 교육자였어요. 작곡가로서 활발히 활동하던 그는 1892년 뉴욕 국립음악원 원장으로 초빙되어 한때 뉴욕에서 지냈는데요. 당시 미국은 인종차별이 아주 심했습니다. 하지만 드보르자크는 편견 없이 모든 학생에게 입학 기회를 주었고, 각 민족의 독특한 음악에도 관심을 가졌습니다.

미국에서 지내는 동안 드보르자크는 다양한 민족의 학생, 음악인 들과 함께하며 영감을 얻었는데요. 미국에서의 경험을 바탕으로 작곡한 작품이 현악 4중주곡인 〈아메리카〉와 교향곡 9번 〈신세계로부터〉입니다. 여기서 소개하는 〈아메리카〉는 드보르자크가 가족과 함께 미국에 온 후 처음으로 휴가를 떠난 아이오와주 스필빌에서 작곡했다고 합니다. 뉴욕 국립음악원에서 만난 다양한 학생들의 민족적 음악 특징에서 영감을 얻어 독특한 리듬을 표현했지요. 드보르자크만의 신나는 리듬은 제2바이올린과 비올라를 통해 들을 수 있습니다.

영국 BBC 뮤직 매거진은 2021년에 도버 콰르텟을 지난 100년 동안 가장 위대한 현악 4중주단 중 하나로 발표했습니다. 도버 콰르텟의 멤버는 모두 미국 명문대학인 커티스 음악원의 교수들이죠. 도버라는 이름은 커티스 음악원 출신의 미국 유명 작곡가 새뮤엘 바버의 〈도버 비치(Dover Beach)〉라는 작품에서 따온 것입니다.

포퍼 - 폴로네즈 첼로 4중주
D. Popper- Polonaise de Concert

다비드 포퍼1843~1913년는 프라하 출신으로 1800년대 말의 세계적인 첼리스트이자 교육자입니다. 빈 국립 오페라극장 오케스트라의 수석 첼리스트로 활동하다 솔리스트로 데뷔해서 전 세계 투어를 다니며 연주했어요. 브람스 피아노 3중주를 초연했고, 브람스와 실내악을 함께 연주하기도 했습니다.

포퍼는 프란츠 리스트의 추천으로 부다페스트 음악원의 교수가 되어 많은 제자를 양성했습니다. 오랜 시간 교수로 일하며 첼로의 기본 소리내기와 연주법을 연구해 첼로 연습곡집을 집필하는 등 연주와 교육 모두에 힘썼지요.

폴로네즈는 3/4박자 계열의 폴란드 춤곡으로, 포퍼는 폴로네즈 리듬을 바탕으로 첼로의 깊고 풍부한 음색이 잘 드러나는 매력적인 멜로디에 고난도 테크닉을 가미해서 화려한 곡을 만들었습니다. 그 때문에 이 곡은 연주 시간이 짧지만 고도의 집중력이 필요하지요.

폴로네즈를 주제로 음악을 만든 작곡가는 여럿 있습니다. 먼저 바이올린 독주곡에서 소개한 비에니아프스키의 〈화려한 폴로네즈〉가 있고요. 피아노의 시인으로 불리는 쇼팽 또한 〈영웅〉, 〈군대〉 등 20곡 이상의 폴로네즈를 작곡했습니다.

갈빈 첼로 콰르텟

포퍼의 폴로네즈는 첼로와 피아노, 첼로와 오케스트라로도 연주될 뿐만 아니라, 이 영상처럼 4명의 첼리스트가 함께하는 앙상블로도 연주됩니다. 첼로는 바이올린과 비올라에 비해 음역대가 넓어서 여러 대의 첼로만으로 앙상블을 만들어 연주하기도 합니다. 이 영상에서는 갈빈 첼로 콰르텟 4명의 연주자가 번갈아 가면서 멜로디를 연주하기도 하고 폴로네즈 리듬을 쾌활하게 연주합니다.

챔버 뮤직

챔버chamber란 '방' 혹은 '실내'라는 뜻입니다. 16세기 이전, 큰 음악회장이 없던 시기에 귀족이나 왕실의 저택에서 소규모로 열린 음악회에서 챔버 뮤직이란 말이 생겨났죠. 기본 구성은 현악 4중주와 같고요. 필요에 따라 연주자 수를 늘리는 방식으로 구성됩니다. 제1바이올린, 제2바이올린, 비올라, 첼로의 모든 파트마다 2명, 4명, 6명씩 짝수로 연주자 수를 늘립니다. 여기에 더블 베이스가 합류하지요.

여러 명이 함께 연주할 때 현악기 연주자들은 2명이 짝을 이루어 악보를 봅니다. 지

▲ 보면대

휘자를 기준으로 각 파트의 가장 앞에 있는 보면대 자리를 1
풀트pult라고 하고, 그 뒤의 보면대 자리를 2풀트라고 해요.
연주 중에는 함께 악보를 보는 2명 중에 객석을 기준으로 안
쪽에 앉은 사람이 악보를 한 장씩 넘깁니다.

연주자 수는 제1바이올린이 가장 많고 더블 베이스로 갈
수록 적어집니다. 예를 들어 제1바이올린이 10명이라면 제2
바이올린 8명, 비올라 6명, 첼로 4명, 더블 베이스 2명 정도
로 구성되죠. 대부분의 멜로디가 바이올린에 있기도 하고,
낮은 음역대의 악기 소리가 높은 음역대의 악기 소리보다
크기 때문에 전체적인 음향 밸런스를 위해 바이올린 연주자
를 가장 많이 배치합니다.

앉는 순서는 객석에서 무대를 바라봤을 때 왼쪽부터 제1
바이올린, 제2바이올린, 비올라, 첼로, 그리고 첼로 뒤에 더
블 베이스로 배치하는 경우가 일반적입니다. 하지만 제1바
이올린을 제외하고 나머지 악기는 콘서트홀의 음향에 따라
얼마든지 자리를 바꿀 수 있습니다. 제1바이올린, 제2바이
올린, 첼로, 비올라 순으로 앉거나 제1바이올린, 첼로, 비올
라, 제2바이올린 순으로 앉기도 하죠. 이 외에 상황에 따라
특이한 배치도 얼마든지 가능합니다. 더블 베이스는 낮은
음역대 소리의 통일성과 응집력을 위해 주로 첼로 뒤쪽에
배치하지만, 빈 필하모닉이 정기 연주회를 여는 무지크페어
라인Musikverein 황금홀에서는 구조와 음향 때문에 관악기 뒤쪽

에 일렬로 늘어서서 연주합니다.

오케스트라 연주회에서 현악기 파트 연주를 자세히 보면, 앞 풀트 연주자들이 뒤 풀트 연주자들보다 움직임이 더 클 거예요. 이것은 파트별로 조화로운 하나의 소리를 내기 위한 앙상블 방법입니다. 앞쪽에 앉은 악장이나 수석 연주자의 움직임에 따라 한 파트 전체가 같은 타이밍에 소리를 내거나 멈추죠. 연주 중에 미세한 조절이 필요할 때는 악기를 약간 들었다가 내리거나 어깨를 살짝 들썩거리거나 고개를 까딱이는 등 관객은 알기 어려운 작은 신호를 주고받으며 연주한답니다.

16~17세기까지는 지휘자가 없었기 때문에 악장이 지휘자 역할을 맡아 연주하면서 이런 동작들로 연주를 이끌어 갔습니다. 그때는 오케스트라 전체 인원이 40명 이하여서 가능했죠. 하지만 18세기 이후 음악이 복잡해지며 목관악기, 금관악기, 타악기가 더해지고 연주 인원이 60명을 훌쩍 넘어섰습니다. 악기들 사이에 훨씬 섬세하고 긴밀한 조율이 필요해지면서 지휘자가 등장했고 그 역할이 점차 중요해졌습니다. 물론 오늘날에도 연주자가 많지 않으면 챔버 오케스트라는 지휘자 없이 공연하기도 합니다.

레스피기 - 류트를 위한 고풍적 무곡과 아리아 모음곡 3번
O. Respighi - Ancient Airs and Dances, Suites No.3

오토리노 레스피기1879~1936년는 림스키코르사코프의 제자였습니다. 비올라 연주자였던 레스피기는 러시아에서 림스키코르사코프를 만나 작곡에 눈을 떴고, 이후 베를린에서 막스 브루흐에게도 작곡을 배웠습니다.

레스피기가 살았던 시기의 이탈리아는 오페라만 최고의 음악으로 여겼어요. 그런 분위기 속에서도 그는 관현악곡만의 순수한 아름다움을 표현하여 인정받은 작곡가였죠. 레스피기는 10개 국어를 능숙하게 구사할 만큼 천재였고, 공부를 즐겼으며 음악 교과서를 집필하기도 했습니다. 집에 웬만한 도서관보다 많은 책을 가지고 있었다고 하네요.

로마를 무척 사랑했던 레스피기는 로마의 산타체칠리아 국립음악원에서 작곡과 교수 겸 원장으로 있으면서 로마 3부작 관현악곡 〈로마의 분수〉, 〈로마의 소나무〉, 〈로마의 축제〉를 남겼습니다. 〈류트•를 위한 고풍적 무곡과 아리아 모음곡〉은 이탈리아에 고전음악 형식 연주의 유행을 일으킨 작품입니다. 날로 거대해지고 화려해지는 음악과 대비되게

• 16~18세기에 사용된 악기로, 기타와 모양새가 비슷하며 6, 8, 10, 14개 등 줄의 개수에 따라 다양한 종류가 있다.

우아하고 아름다운 현악기들만의 음악을 만들었는데, 인기를 얻으며 3번까지 작곡하게 되었습니다. 이 곡은 이탈리아나, 궁정풍의 아리아, 시칠리아나, 파사칼리아의 네 부분으로 이루어져 있어요.

지휘 최희준
오케스트라 수원시립교향악단

이 영상은 2020년 팬데믹으로 인해 연주회장이 폐쇄되었을 때 클래식 공연을 그리워하던 관객에게 위로를 전하고자 관객 없이 진행된 음악회입니다. 원래는 2명의 연주자가 한 보면대를 사용하지만, 사회적 거리두기가 시행되던 때라 한 사람이 한 보면대를 보면서 넓게 띄어 앉아 관객 없이 연주하고 있습니다.

슈트라우스 - 피치카토 폴카
J. Strauss - Pizzicato Polka

왈츠의 황제 요한 슈트라우스 2세[1825~1899년]와 요제프 슈트라우스[1827~1870년]는 왈츠의 왕 요한 슈트라우스 1세[1804~1849년]의 사이좋은 아들들입니다. 1800년대 중반의 유럽은 나라 간 전쟁이 끊이지 않았고, 특히 오스트리아는 전쟁의 한가운데에 있었기에 국민은 매우 힘들 수밖에 없었습니다. 이 시기에 슈트라우스 집안 작곡가들의 우아하고 신나는 왈츠와 폴카는 국민에게 큰 위로가 되었죠.

빈 필하모닉의 신년 음악회는 세계에서 가장 유명한 음악회인데요. 1939년부터 지금까지 매해 1월 1일 정오에 빈 필하모닉은 슈트라우스 집안 작곡가들의 폴카, 왈츠, 행진곡으로만 프로그램을 구성해 연주합니다. 이 음악회는 전 세계로 생중계되고 영화관에서도 관람할 수 있죠.

〈피치카토 폴카〉는 요한 2세와 요제프가 함께 작곡한 곡으로 슈트라우스의 춤곡 중에서 가장 자주 연주됩니다. 이 곡은 처음부터 끝까지 활을 아예 사용하지 않고 피치카토로만 연주됩니다. 지휘자의 재량에 따라 템포를 자유롭게 조절할 수 있어서 때로는 재미있게, 또 때로는 우아하게 연주할 수 있습니다.

지휘 브람웰 토베이
오케스트라 BBC 콘서트 오케스트라

이 연주 무대는 영국 런던에서 열리는 세계적인 클래식 음악축제 '2020 BBC 프롬스'의 한 장면입니다.

에드바르 그리그(1843~1907년)

그리그는 노르웨이의 국민적 사랑을 받는 작곡가입니다. 그리그와 비슷한 시기에 활동한 음악가로 핀란드의 시벨리우스와 체코의 스메타나가 있는데요. 이들을 '국민음악파'라고 부릅니다.

19세기 말 유럽은 전쟁으로 고통받는 나라가 많았고, 나라마다 처한 상황과 국민정서가 달랐기에 자기 나라만의 독특한 문화를 음악으로 풀어내는 작곡가가 사랑받았습니다. 음악은 사람의 마음을 뭉클하게 만들고 위로해 주며 하나로 모으는 놀라운 힘이 있지요. 국민음악파 작곡가들은 음악으로 독립운동을 하는 예술가들이었습니다.

그리그의 바이올린 소나타에 감동을 받은 프란츠 리스트는 그의 든든한 후원자가 되어 주었습니다. 피아니스트이자 작곡가인 리스트의 영향으로 그리그는 피아노 협주곡을 작곡했고, 그의 작품은 지금도 가장 많이 연주되는 피아노 협주곡 중 하나입니다. 리스트의 음악이 규모가 크고 박력 넘친다면 그리그의 음악은 아주 섬세하고 우아하죠.

〈홀베르그 모음곡〉은 노르웨이의 극작가 요한 루드비그 홀베르그1684~1754년 탄생 200주년을 기념하면서 만든, 그리그의 우아함이 정점에 달한 작품입니다. 5개 악장으로 이루어져 있는데, 이 음악들은 바흐나 헨델의 모음곡에서 많이 볼 수 있는 프랑스풍의 옛 춤곡에서 유래했습니다.

바이올린 리더 페카 쿠시스토
오케스트라 노르웨이 챔버 오케스트라

바이올리니스트 쿠시스토는 1995년 장 시벨리우스 국제 바이올린 콩쿠르 우승자이자 노르웨이 챔버 오케스트라의 리더입니다. 이 단체는 지휘자 없이 리더 쿠시스토가 이끌고 있어요. 지휘자가 없는 만큼 리더의 역할이 매우 중요하죠. 지휘자가 있는 연주 영상과 비교해 보면 이 영상에서 리더 쿠시스토의 동작이 무척 크다는 것을 알 수 있습니다. 중요한 부분에서 몸으로 신호를 주면서 연주를 이끌어 나가기 때문입니다.

영국에서는 16~17세기부터 클래식 음악이 큰 인기를 누렸습니다. 영국 사람들에게는 음악회에 가는 것이 자연스러운 일상생활이었어요. 유럽의 다른 나라들보다 음악회와 음악축제가 훨씬 많이 열렸습니다. 훌륭한 연주자, 오케스트라, 좋은 홀이 많이 생겨났고, 스타 연주자들도 여럿 등장했죠. 아티스트에게 열광하는 이런 분위기 덕분에 오랜 시간 배를 타야 하는 고단한 여정에도 많은 외국 연주자가 영국으로 찾아왔습니다.

하지만 안타깝게도 당시 영국에는 독일, 오스트리아, 프랑스만큼 훌륭한 작곡가가 많지 않았어요. 19세기 말에 엘가가 등장하기 전까지 유명한 작곡가는 헨델뿐이었는데, 웨스트민스터 사원에 묻힌 헨델마저 독일 출신 이민자였죠.

유명 작곡가에 목말랐던 영국인들에게 엘가는 국민적 스타였습니다. 영국인의 사랑을 듬뿍 받으며 엘가는 첼로 협주곡, 바이올린 협주곡, 〈사랑의 인사〉, 〈위풍당당 행진곡〉, 〈수수께끼 변주곡〉 등의 수많은 명곡을 발표했지요.

〈수수께끼 변주곡〉은 주제와 14개의 변주로 구성되어 있는데, 엘가는 변주마다 자신이 사랑하는 사람들의 특징과 재미있는 행동을 표현했습니다. 집에 돌아왔을 때 부인 캐

롤라인을 보며 자신이 기분 좋게 불렀던 휘파람 소리, 피아노를 연주하는 친구 아놀드, 비올라를 연습하는 제자 이사벨 등을 음악으로 표현했지요.

〈수수께끼 변주곡〉 중 한 곡인 〈님로드〉는 그의 악보 출판을 도와준 친구이자 출판업자인 아우구스트 요한 예거를 생각하며 작곡했다고 합니다. 이 곡은 타이타닉호 사고 희생자들을 위한 추모 음악회에서 엘가가 직접 지휘하며 연주한 이후 지금까지 많은 음악회에서 추모곡으로 연주되고 있습니다.

지휘 네빌 마리너
오케스트라 아카데미 오브 세인트 마틴 인 더 필즈

1958년 바이올리니스트이자 지휘자였던 네빌 마리너는 런던의 실력 있는 연주자들을 모아서 '아카데미 오브 세인트 마틴 인 더 필즈(Academy of St. Martin in the Fields)'라는 챔버 오케스트라를 만들었습니다. 마리너는 1984년 영화 〈아마데우스〉의 음악감독을 맡아 영화에 쓰인 모차르트 작품을 아카데미 오브 세인트 마틴 인 더 필즈와 함께 연주하고 녹음했어요. 모차르트 음악과 삶을 다룬 이 영화는 2025년 5월에 감독판으로 재개봉되었답니다.

사무엘 바버1910~1981년는 20세기 미국의 최고 작곡가로, 오페라 〈바네사〉와 〈현을 위한 아다지오〉로 퓰리처 음악상•을 두 차례 수상했습니다. 원래 바버의 현악 4중주 1번 2악장인 이 곡을 명지휘자 아르투로 토스카니니1867~1957년가 듣고 감동해 현악 오케스트라 버전으로 편곡을 부탁하면서 세상에 알려졌지요.

이 곡은 감성적이고 차분하며 조용하고 다소 우울한 분위기의 음악입니다. 아주 느리게 시작해 천천히 커지다가 감정이 절정에 이른 후 다시 조용하게 끝을 맺죠. 미국의 루스벨트 대통령 장례식을 비롯해 케네디 대통령, 과학자 아인슈타인, 영화배우 그레이스 켈리 추도식에서 연주되었고, 작곡가 바버 자신의 장례식에서도 이 곡이 연주되었습니다.

지휘 레너드 슬래트킨
악장 송윤신
오케스트라 디트로이트 심포니 오케스트라

연주 당시 디트로이트 심포니 오케스트라 악장이었던 바이올리니스트 송윤신은 현재 미국 10대 오케스트라인 휴스턴 심포니 오케스트라의 악장으로 활동하고 있습니다.

• 1917년 미국의 언론인 조지프 퓰리처를 기념해 제정된 상으로 언론, 문학, 음악 등의 분야에서 뛰어난 업적을 이룬 사람에게 수여하는 언론계의 가장 권위 있는 상이다.

오케스트라

　현악기 앙상블에 관악기와 타악기를 합치면 클래식 음악에서 가장 큰 규모인 관현악을 이룹니다. 관현악단, 교향악단, 오케스트라는 모두 같은 뜻입니다. 관현악기가 모여 교향곡을 연주할 수 있는 규모의 연주 단체가 교향악단이고, 이를 영어로 하면 오케스트라orchestra예요.

　오케스트라의 형태는 1600년대로 거슬러 올라갑니다. 당시 음악가들은 왕실이나 부유한 귀족들의 소속 음악가가 되어 그들을 위해 음악을 만들고 연주하며 살았어요. 요즘으로 말하자면 작곡가와 연주자가 기획사에 소속된 것과 비슷합니다. 다른 점이 있다면 아무리 유명하고 훌륭하고 팬이 많은 음악가라고 해도 독자적으로 활동할 기회가 전혀 주어지지 않았다는 거지요. 자신이 속해 있는 귀족 집안에서 원하는 음악만 만들 수 있었습니다.

1600년대까지는 기악보다 오페라와 성악가들의 무대가 훨씬 많았어요. 당시에는 전기도 없고 산업이 발달하기 전이라 연주 홀도 작았고 현대적인 음향 시설도 없었죠. 이 시대에는 성악 반주를 위해 현악기와 목관악기 몇 대만 놓고 작은 규모의 연주회를 진행했어요. 관현악 연주는 주로 오페라 시작 전에 관객의 주의를 집중시키는 용도였습니다. 그러다가 점차 노래 없이 악기들로만 구성된 작품들이 나오면서 오케스트라 연주회로 발전했습니다.

18세기 이후 클래식 음악에는 많은 변화가 일어났습니다. 산업이 발전하면서 악기 종류가 다양해졌고, 음향이 우수한 콘서트홀을 짓는 건축 기술도 발전했죠. 또한 출판업이 유행하면서 출판사들은 유명 작곡가들의 악보를 출판하기 위해 치열한 경쟁을 펼쳤습니다. 이런 변화로 많은 사람이 클래식 음악을 즐길 수 있게 되었지요.

‖: 오케스트라의 이름 :‖

세계 곳곳에는 다양한 이름의 오케스트라가 있습니다. 베를린 필하모닉, 빈 필하모닉, 빈 슈타츠오퍼, 드레스덴 슈타츠카펠레, 뉴욕 필하모닉, 런던 심포니 오케스트라, 그리고 국내의 서울시립교향악단, KBS교향악단 등 여러 교향악단이 있지요. 교향악단, 관현악단, 필하모닉, 심포니, 슈타츠카펠레, 슈타츠오퍼 등 주로 도시 이름 뒤에 붙은 명칭에는 어떤 의미가 있으며, 어느 경우에 어떤 명칭이 붙는 것일까요?

슈타츠카펠레Staatskapelle와 슈타츠오퍼Staatsoper는 16~17세기에 궁정 오케스트라로 시작하여 18세기에 국립 오페라극장 오케스트라가 된 경우를 말합니다. 이 오케스트라들은 오랜 역사를 지녔으며 교향곡 연주와 오페라 공연을 모두 하는 곳이에요. 독일에서 가장 오래된 교향악단인 드레스덴 슈타츠카펠레는 1548년에 창단되었죠. 베를린 슈타츠카펠레는 1570년에 시작되었고, 빈 슈타츠오퍼는 1869년에 시작되었습니다.

필하모닉 오케스트라와 심포니 오케스트라는 모두 교향악단을 가리키는 말입니다. 19세기에는 의미와 어원, 연주자의 보수 지급 방식, 설립 주체궁정이나 시민단체를 따져서 자세히 구별했지만, 귀족과 시민의 구분이 사라진 20세기 이후에는 이 둘을 단순히 명칭으로만 여기게 되었어요. 베를린 필하모닉과 베를린 심포니, 빈 필하모닉과 빈 심포니, 런던 필하모닉과 런던 심포니는 베를린과 빈, 런던에 있는 오케스트라들이라고 보면 됩니다.

또 다른 명칭으로 방송교향악단이 있습니다. 바이에른 방송교향악단, NHK방송교향악단, KBS교향악단과 같은 방송 교향악단은 '방송'이 생긴 후 방송국에서 설립한 오케스트라 입니다. 20세기 초반에는 음악회가 다양하지 않았고 쉽게 찾아가기 어려웠습니다. 이러한 시기에 각 나라의 공영 방송국은 방송을 통해 대중에게 음악을 들려주기 위해 오케스트라를 만들었어요. 그리고 음악회를 열고 녹음과 촬영을 해서 방송으로 내보냈지요. 지금도 KBS 1TV를 통해 KBS교향악단의 연주를 볼 수 있습니다. 평일 밤 11시 이후에 방송되어 시청하기가 쉽지는 않지만요.

우리나라에는 시와 도에서 운영하는 시립교향악단과 도립교향악단이 있습니다. 서울, 인천, 부산, 대전, 광주, 수원, 부천, 대구, 경기도, 경북, 충남, 충북 등 각 시와 도를 기반으로 그 도시의 콘서트홀에서 일반 음악회보다 저렴한 가격으로 시민을 위한 음악회를 열어요.

우리나라의 교향악단은 일제 강점기와 6·25 전쟁을 거쳤기에 빠른 발전에 비해 역사가 그리 길지는 않습니다. 한국 최초의 교향악단이었던 고려교향악단이 1945년에 창단되었지만 재정난을 겪으며 결국 3년 만에 해체되었죠. 이후 서울시립교향악단1948년, KBS교향악단1956년, 부산시립교향악단1962년, 대구시립교향악단1964년, 인천시립교향악단1966년이 차례차례 창단되었습니다.

‖: 오케스트라와 교향곡 :‖

클래식 음악이 가장 많이 발달한 나라는 독일과 오스트리아입니다. 베를린에만 10개가 넘는 오케스트라가 있고, 독일 전체에는 500개가 넘는 프로 교향악단이 있습니다. 독일에는 베를린 필하모닉을 중심으로 하는 독일 오케스트라 연합회도 있죠. 독일과 오스트리아를 중심으로 클래식 음악이 발전하게 된 이유는 하이든, 모차르트, 베토벤이 있었기 때문입니다. 이 위대한 세 명의 작곡가는 소나타, 실내악, 협주곡, 교향곡, 오페라 등 다양한 종류의 음악을 작곡했습니다. 그중에서 이들의 공통점이자 가장 큰 업적이 바로 교향곡입니다.

교향곡 역사에서 가장 중요한 작곡가는 베토벤입니다. 베토벤은 모든 영역에서 뛰어난 예술가였지만, 특히 교향곡을 클래식 음악의 가장 중요한 장르로 끌어올렸어요. 19~20세기의 수많은 작곡가가 베토벤을 뛰어넘으려 애썼지만 아무도 성공하지 못했습니다. 19세기부터 지금까지 전 세계에서 가장 많이 연주되는 음악이 베토벤의 작품이라는 점만 봐도 알 수 있지요.

하지만 베토벤도 하이든과 모차르트가 없었다면 이 위대한 업적을 이루지 못했을지 모릅니다. 하이든과 모차르트가 음악사에서 앞서 발전시킨 토대가 있었기에 베토벤의 완성이 가능했습니다. 그럼, 이 세 사람이 어떻게 교향곡을 발전시키고 완성했는지 알아볼까요?

프란츠 요제프 하이든

하이든은 약 30년간 에스테르하지 궁의 전속 음악가로서 작곡, 지휘, 오케스트라 운영을 맡았습니다. 당시에는 음악가가 독자적으로 활동할 수 없었고, 귀족들은 자신이 고용한 음악가와 음악회의 수준을 경쟁하며 자랑했습니다.

예술을 사랑했던 에스테르하지 가문과 뛰어난 예술가 하이든의 만남은 환상의 조합이었죠. 음악을 좋아했던 에스테르하지 후작의 요구로 하이든은 매년 240회 이상의 연주회를 열었습니다. 정기 연주회, 특별 연주회, 페스티벌, 파티 등 다양한 행사마다 무대장식을 준비하고 연주자들의 의상

▼ 에스테르하지 궁

과 헤어스타일까지 통일했지요. 심지어 악기와 악보를 보관하는 규칙까지 세워서 세세하게 관리했습니다.

처음에는 좋은 기회였지만 과도한 규칙과 휴가도 없는 빡빡한 연주 일정으로 시간이 흐를수록 하이든과 연주자들은 점차 지쳐 갔습니다. 그러던 중 하이든은 1790년 런던에서 활동할 기회를 얻었어요. 스타 작곡가에 목말라 있던 런던 음악계는 하이든에게 원하는 음악을 마음껏 만들고 연주할 수 있게 해주었습니다. 에스테르하지 궁에서의 풍부한 경험과 런던에서 얻은 자유가 만나 굉장한 음악이 탄생했죠.

에스테르하지 궁 오케스트라는 바이올린 6명, 비올라 1명, 첼로 2명, 더블 베이스 2명, 오보에 2명, 바순 1명, 호른 2명 등으로 연주자가 최대 20명을 넘지 않았는데요. 하이든이 런던에서 작곡한 곡을 발표했던 1790년에는 현악기 연주자만 25명에 총인원이 40명이었습니다. 1795년에는 현악기 연주자 36명에, 목관악기, 금관악기, 타악기를 포함해 총인원이 60명까지 늘어났어요. 연주 인원이 많아진 만큼 오케스트라의 소리가 아주 커졌지요. 관객들은 이전에 없던 웅장한 오케스트라의 소리에 열광했고, 수많은 바이올린 연주자가 빠른 멜로디를 거침없이 연주하는 모습을 보고 음악의 매력에 더 빠져들었습니다.

하이든은 106개의 교향곡을 작곡했어요. 초기 작품들은 궁 안의 자그마한 홀에서 연주해야 해서 아기자기하고 실내악 연주 같은 느낌이었지만, 후기로 갈수록 화려해지고 규모도 커졌습니다. 이러한 음악적 업적으로 하이든은 1791년에 옥스퍼드 대학에서 명예 음악박사 학위를 받았고, 수여식에서 발표한 92번 교향곡에는 〈옥스퍼드〉라는 제목이 붙었습니다.

'파파'라는 별명이 붙을 만큼 많은 사람의 사랑을 받았던 하이든은 모차르트의 천재성을 칭찬했습니다. 하이든을 존경했던 모차르트는 〈하이든〉이라는 제목의 현악 4중주곡을 만들어 그의 앞에서 연주하기도 했죠. 베토벤은 하이든에게 직접 작곡법을 배웠고, 두 사람은 서로의 교향곡 연주회에 참석하곤 했답니다.

볼프강 아마데우스 모차르트

천재 작곡가이자 연주자인 모차르트는 오스트리아 잘츠부르크에서 태어나 여섯 살 때부터 아버지와 함께 유럽 순회공연을 다녔습니다. 독일과 오스트리아의 도시들뿐 아니라 파리, 런던, 헤이그, 취리히 등을 다니며 자기 작품을 연주하고 각 도시의 예술적 분위기를 경험했어요.

모차르트는 세계 여러 나라의 유명 예술가들을 만나 영향을 받으며 자신의 음악을 발전시켜 나갔습니다. 만하임을 방문했을 때 만하임 오케스트라의 연주에 깊은 감명을 받아 자신의 연주로 바빴음에도 불구하고 만하임 오케스트라 연주회를 여러 번 찾았고, 그때 받은 감동을 아버지에게 편지로 남기기도 했죠. 런던에 머물 때는 대음악가 바흐의 아들인 요한 크리스티안 바흐에게 교향곡 작곡법을 배웠어요. 모차르트는 이렇게 보고 배운 것들을 자신의 음악에 잘 녹여냈습니다.

35년이라는 짧은 생을 살면서 모차르트는 626곡을 남겼습니다. 첫 작품은 그의 나이 5살에 만든 피아노곡이고, 교향곡 1번은 8살에 작곡했어요. 초등학교 1학년 나이의 어린이가 뭘 할 수 있겠냐고 생각할 수 있지만, 이 작품은 바이올린, 비올라, 첼로, 오보에, 바순, 호른이 연주하는 3악장 구성의 14분가량의 곡이에요. 어린아이가 어떻게 교향곡을 작곡해 냈는지 아직도 미스터리지만, 인류 전체를 통틀어 최고의 두뇌를 가졌다고 하면 그럴 수도 있지 않을까요?

모차르트는 당시 악기에 대해 사람들이 가지고 있던 선입견을 깨고 새로운 합주 소리를 만들어 낸 혁신의 아이콘입니다. 바이올린과 첼로에 비해 주목받지 못했던 비올라, 더블 베이스, 목관악기의 새로운 매력을 끌어냈어요. 그전까지 더블 베이스는 항상 첼로보다 한 옥타브 아래에서 조용히 같은 음만 연주했고, 오보에나 클라리넷은 바이올린이 멜로디를 크게 연주해야 할 때 잠깐 거드는 역할에 불과했습니다.

하지만 모차르트는 각 악기의 음색에 맞는 멜로디를 따로 작곡했어요. 비올라도 마찬가지예요. 바이올린과 첼로 사이에서 어정쩡하게 있던 비올라에 독특한 리듬과 독립적인 멜로디를 주어 독주 악기로서의 존재감을 부여했답니다. 결과는 대성공이었어요. 높은음 악기는 멜로디를 연주하고, 낮은음 악기는 반주를 맡는 틀에서 벗어나 모든 악기가 각자의 매력을 가지게 되자 교향곡은 더욱 화려하고 풍성해졌습니다.

모차르트는 41곡의 교향곡을 작곡한 것으로 알려져 있습니다. 모차르트 이후의 작곡가들은 각 악기의 특성과 조화를 살린 교향곡을 만들어야만 최고의 작곡가로 인정받을 수 있었죠. 모차르트는 살아 있을 때 작품 목록을 정확히 정리하지 않았기 때문에, 그가 세상을 떠나고 나서 모차르트의 서명이 담긴 악보나 서명은 없지만 모차르트의 작품일 가능성이 높은 악보가 발견되기도 했어요. 덕분에 음악학자들은 이런 악보들이 진짜 모차르트의 것인지 끊임없이 연구하고 있습니다.

모차르트는 왕실과 귀족으로부터 독립한 최초의 프리랜서 예술가였어요. 그의 독립선언은 아주 획기적이었죠. 그는 작곡뿐 아니라 음악과 관련된 모든 일에도 천재적이었습니다. 작곡, 연주자 섭외, 지휘, 오케스트라 리허설, 심지어 광고까지 모두 도맡아 하느라 잠도 제대로 못 잤다고 해요. 시즌제 음악회를 기획해 묶음으로 표를 팔고, 좌석을 R, S,

A, B, C 등급으로 나누는 아이디어가 이때 처음 시작되었습니다.

모차르트의 음악회는 처음에는 큰 인기를 끌었지만 계속되는 전쟁 때문에 나라가 점점 어려워지고 관객이 점차 줄어들면서 음악회 운영에 많은 어려움을 겪었다고 해요. 그럼에도 모차르트는 음악의 대중화를 위해 짧은 생을 바쳤습니다.

루트비히 판 베토벤

하이든은 귀족이 예술가를 후원하는 시대에 성공한 예술가였지만 독립된 예술가는 꿈꾸지 못했습니다. 모차르트는 최초의 프리랜서 예술가였지만 평생 가난에서 벗어나지 못했죠. 반면에 베토벤은 모든 예술가가 꿈꾸는 독립 예술가로서 성공을 거두고 사람들로부터 존경을 한 몸에 받은 최초의 예술가였습니다.

하이든, 모차르트, 베토벤은 모두 어린 시절 악기 중에 피아노를 가장 먼저 배웠습니다. 모차르트는 피아노와 바이올린으로 순회공연을 다녔고, 베토벤 역시 유명한 피아니스트였죠. 하지만 세 사람 모두 아름답고 매력적인 음악을 만들기 위해서는 현악기를 잘 다뤄야 한다는 것을 알았기에 현악기에 관심이 많았습니다. 이들이 작곡한 바이올린 소나타, 바이올린 협주곡, 현악 4중주곡 들은 현악기 연주자라면 입시, 콩쿠르, 오디션에서 꼭 연주해야 하는 작품이에요.

물론 세 작곡가에게는 차이점도 있습니다. 하이든보다 모차르트의, 모차르트보다 베토벤의 교향곡 규모가 커졌고, 악보는 더 어려워졌으며 연주 인원도 늘어났습니다. 그런데 반대로 작품 수는 점점 적어집니다. 하이든은 교향곡 108곡, 모차르트는 41곡의 교향곡을 쓴 반면 베토벤은 9곡에 불과해요.

그 이유는 각자 처한 상황에 있습니다. 하이든은 왕실과 귀족의 요구에 따라 그때그때 빠르게 작곡해 내야 했고, 모차르트는 프리랜서로서 자신의 음악을 빨리 선보여 가치를 인정받아야 다음 음악회를 열 수 있었습니다. 두 사람보다 베토벤은 이런 압박에서 자유로웠죠. 사람들은 베토벤의 작품을 애타게 기다렸지만 베토벤은 아무리 시간이 걸려도 자신이 만족하지 못하면 작품을 발표하지 않았습니다.

18세기의 유럽은 이전 시대와 크게 달라졌어요. 사회의 중심이 귀족에서 일반 시민으로 바뀌었고, 얼마나 많은 시민이 문화와 예술을 즐길 수 있느냐가 중요해졌죠. 각 도시에는 콘서트홀이 세워지고 도시 이름을 내건 오케스트라가 생겼습니다. 콘서트홀에서 사람들을 만나고 음악을 감상하는 것이 사회생활이자 삶의 일부가 되었고, 신문에는 전날 열린 음악회에 대한 평론과 다음에 열릴 음악회 광고가 실렸지요. 사람들은 베토벤의 새로운 작품이 언제 발표될지 손꼽아 기다렸고, 연주자들은 그의 음악회에 연주자로 참여하기를 꿈꿨답니다.

베토벤이 작곡한 교향곡 9곡은 한 곡도 빠짐없이 명곡이며, 이 작품들로 클래식 역사는 완전히 바뀌었습니다. 베토벤 교향곡의 현악기 악보는 그 어떤 현악기 독주곡보다 복잡하고 어려워요. 바이올린 소나타 10곡, 바이올린 협주곡, 삼중 협주곡, 현악 4중주 17곡 등을 통해 현악기를 완벽히 이해한 베토벤은 현악기만의 가장 순수하고 고급스러운 음색을 교향곡에서 구현해 냈습니다.

베토벤 이후의 교향곡

베토벤 이후에도 훌륭한 작곡가들이 많은 작품을 남겼습니다. 브람스는 교향곡을 작곡하기도 전부터 베토벤의 후계자라고 불렸어요. 그는 4곡의 교향곡을 통해 작곡 실력을 인정받았지요. 브람스 이후 브루크너, 말러, 슈트라우스, 차이콥스키, 프로코피예프, 쇼스타코비치 등으로 이어지는 교향곡은 클래식 음악의 중심에서 가장 빛나고 있습니다.

교향곡의 규모가 커지는 데는 관악기의 영향이 컸습니다. 여러 종류의 타악기는 물론이고 울림이 큰 호른, 트럼펫, 트롬본 같은 금관악기들이 여러 대 사용되면서 이 큰 소리에도 눌리지 않고 제 소리를 낼 수 있도록 현악기 연주자들의 수도 많이 늘어났죠.

모차르트 교향곡에서는 제1바이올린이 10명 필요했다면, 베토벤에게는 12명, 브람스는 14명이 있어야 하는데요. 20세기에 들어 말러, 슈트라우스, 쇼스타코비치 교향곡에서는 제1바이올린이 최소 16명에서 18명이 있어야 소리의 균형을 맞출 수 있었습니다. 현악기 전체로 보면 모차르트 교향곡에서는 제1바이올린 10명, 제2바이올린 8명, 비올라 6명, 첼로 4명, 더블 베이스 2명 등 약 30명의 현악기 연주자가 필요했다면, 말러 교향곡에서는 제1바이올린 18명, 제2바이올린 16명, 비올라 14명, 첼로 12명, 더블 베이스 10명 등 70명 이상이 있어야 해요.

교향곡 안에서 현악기의 표현법도 조금씩 변화해 갔어요. 모차르트, 베토벤 시대에는 주 멜로디가 주로 현악기에 있었고, 전체적인 곡의 빠르기가 지나치게 빠르지 않아서 현악기로 표현할 수 있는 아름다운 멜로디가 주인공처럼 주목받는 곡이 많았습니다. 현악기가 활을 길게 쓰며 풍부한 비브라토를 더해서 내는 소리가 낭만주의 시대까지 유행했어요.

그러다가 19세기 말과 20세기에 인류 산업의 규모가 커지고, 전쟁으로 전 세계가 혼란에 빠지면서 자연스레 음악이 빨라지고 복잡해졌습니다. 트레몰로가 과도하게 사용되고, 개수를 세기 어려울 만큼 많은 음표, 새로운 아이디어가 가미된 복잡한 리듬들이 등장했어요. 바이올린 협주곡의 독주 파트만큼 어려운 부분을 20명 가까운 사람들이 함께 연주하도록 작곡된 교향곡도 있었죠. 규모도 커지고 표현법은 더욱 날카롭고 섬세해졌습니다.

이제 교향곡 11곡을 통해 각 교향곡 안에서 현악기들이 어떻게 활약하고 있는지 알아볼까요?

‖: 교향곡 안에서의 현악기 :‖

하이든 - 교향곡 88번 4악장
F. Haydn - Symphony Hob. I:88 4th Mov.

클래식 음악 역사상 100곡이 넘는 교향곡을 작곡한 사람은 하이든이 유일합니다. 현악 4중주와 같이 교향곡의 기본 구조를 확립한 작곡가도 하이든이지요. 1악장은 적당한 빠르기로, 2악장은 느리게, 3악장은 가벼운 춤곡 스타일로 빠르게, 4악장은 1악장보다 빠르게 진행되는 구성이 대표적입니다.

하이든은 교향곡에서도 그만의 유쾌함을 잃지 않았습니다. 〈아침〉, 〈점심〉, 〈저녁〉, 〈철학자〉, 〈곰〉, 〈놀람〉, 〈군대〉, 〈시계〉 등의 제목만 봐도 알 수 있죠.

지휘 레너드 번스타인
오케스트라 빈 필하모닉

1983년 11월 26일 빈 무지크페어라인 황금홀에서 열린 공연입니다. 오래된 영상이라 선명하지 않지만 현악기들의 완벽한 앙상블이 이루어지면 지휘자의 지휘 동작 없이도 훌륭한 연주가 가능하다는 것을 보여 준 전설적인 공연이어서 소개합니다.

모차르트 교향곡 40번
W. A. Mozart - Symphony No.40

교향곡 40번은 그의 교향곡 중에 가장 인기가 많은 작품입니다. 1788년 빈에서 살던 시절에 작곡되었죠. 그의 교향곡 41곡 중에서 단조로 작곡된 것은 25번과 40번뿐입니다. 일반적으로 장조 음악은 밝고, 단조 음악은 어둡다는 말을 많이 하는데 모차르트는 이 곡에서 그런 선입견을 완전히 깨뜨립니다. 단조 음악이지만 그저 어두운 것이 아니라 명랑한 음악을 향해 나아가는 모습을 보여 주죠.

모차르트의 음악은 순수하고도 완벽해서 연주자들이 연주하기 가장 까다로운 곡으로 꼽습니다. 감정을 절제하면 음악이 딱딱해지고, 조금이라도 과하면 모차르트의 순수함이 사라지거든요. 그래서 군더더기 없이 가장 깔끔한 음을 만들어 내는 것이 연주자들의 가장 큰 숙제죠. 깊은 음악 속에서 단순함과 깔끔함을 유지하고, 불같은 열정 속에서도 이성적인 균형을 지켜야 하는 것이 바로 모차르트의 음악이랍니다.

베토벤이 이 곡을 매우 좋아해서 연습장에 악보를 적어 가며 공부했다는 기록이 있어요. 이 곡의 1악장 시작 부분은 유명 가수들의 노래, 드라마, 애니메이션에서 많이 사용되었답니다. 들어 보면 "이게 모차르트 교향곡이었어?" 하며 놀라게 될 거예요.

지휘 알란 길버트
오케스트라 도쿄 메트로폴리탄 심포니

도쿄 메트로폴리탄 심포니 오케스트라는 NHK교향악단, 도쿄 필하모닉 오케스트라와 더불어 일본을 대표하는 오케스트라에요. 일본 오케스트라는 깔끔하고 단정한 음악을 만들어 내는 데 일가견이 있습니다. 지휘자 알란 길버트는 뉴욕 필하모닉의 상임지휘자였고, 2019년부터 독일의 NDR 엘프필하모니의 상임지휘자로 활동하고 있는 세계적인 아티스트입니다.

베토벤 - 교향곡 6번 '전원' 1악장
L. V. Beethoven - Symphony No.6 'Pastorale' 1st Mov.

베토벤은 20대 중반부터 심각한 귓병을 앓아 왔습니다. 어떤 약을 써도 좀처럼 나아지지 않았고 오히려 더 나빠지

기만 했어요. 귀에서 소리가 나고, 심한 두통이 가라앉지 않더니 결국 청력을 완전히 잃어버렸습니다. 아무 소리도 듣지 못하게 되었죠. 피아니스트로서 꽤 유명해지고 있었던 터라, 그의 좌절감은 이루 말할 수가 없었어요. 가뜩이나 급한 성격이었던 베토벤은 사람들과 대화할 수 없고 소통이 어려워지자 점차 괴팍해졌습니다. 결국 그는 피아노를 그만두게 되었습니다.

작곡에도 소질이 있었지만 연주를 위해 미루던 작곡가의 길을 선택하면서 베토벤은 조금이라도 귀를 낫게 하려고 안해본 노력이 없었어요. 여러 의사를 만나서 좋다는 약은 다 먹어 보고 바르는 약도 열심히 발랐지만 아무 소용이 없었습니다. 베토벤을 존경하고 그의 음악을 사랑했던 사람들이 그를 위해 보청기를 개발해서 선물하기도 했지요. 빈에 있는 베토벤 박물관에는 베토벤이 사용했던 보청기 여러 개가 전시되어 있습니다.

의사들은 그에게 시골에서 지내는 것을 권했습니다. 바쁘고 복잡한 도시를 떠나 자연 속에서 생활하다 보면 귀가 나아질 것이라며 요양생활을 권했던 것이죠. 베토벤은 빈에서 조금 떨어진 하일리겐슈타트에서 잠시 지냈어요. 〈전원 교향곡〉은 그가 요양생활을 하면서 쓴 작품입니다. 그는 1악장에 '시골에 도착했을 때 느끼는 즐거운 감정'이라고 적어 놓았어요. 병이 나아질 것이라는 기대에 찬 즐거운 감정과 조

용하고 한적한 시골 마을의 모습이 곡의 시작 부분에서 현
악기를 통해 잘 표현되어 있습니다.

지휘 이반 피셔
오케스트라 네덜란드 로열 콘세르트헤바우

이 연주의 오케스트라 배치가 독특하지요? 제1바이올린 옆에 바순, 플루트, 오보에,
클라리넷이 자리하고, 그 옆에 비올라가 있어요. 꾀꼬리와 뻐꾸기 소리를 표현하는
솔로 목관악기들이 시냇물을 노래하는 현악기와 자연스럽게 어우러지도록 한 지휘
자 피셔의 아이디어였습니다.

베토벤 - 교향곡 9번 '합창' 4악장
L. V. Beethoven - Symphony No.9 'Choral' 4th Mov.

〈합창 교향곡〉은 우리나라 클래식 음악회에서 가장 많이
연주되는 곡입니다. 특히 매년 12월 송년 음악회에서 빠지
지 않고 연주되지요. 이 곡처럼 4명의 성악 독창자와 합창단
을 교향곡에 넣어 작곡하는 것은 아주 어려운 일입니다. 관
현악과 성악, 합창이 서로 조화롭게 어우러져야 하니까요.

이 곡은 세계적인 행사에서 화합과 통일의 상징으로 자주
연주됩니다. 독일은 제2차 세계대전 이후 동독과 서독으로
나뉘었다가 1990년에 통일되었는데요. 이보다 한 해 전에
일어난 베를린 장벽 붕괴를 기념하고자 지휘자 레너드 번스

▲ 베토벤의 〈합창 교향곡〉 자필 악보

타인은 전쟁 당사국들의 연주자들로 연합 오케스트라를 구성해 베를린에서 연주회를 열었어요. 이때 연주된 곡이 바로 〈합창 교향곡〉입니다.

이 곡을 연주회에서 감상한다면 미리 알아 둘 것이 있어요. 성악가들과 합창단은 곡이 시작되고 약 40분이 지난 4악장에서야 등장합니다. 그래서 어떤 공연은 성악가와 합창단이 처음부터 무대에 나와 오케스트라 뒤쪽에 앉아 있기도 하고, 어떤 공연에서는 3악장이 끝나고 나서 등장하기도 해요. 베를린 국립도서관에 보관된 베토벤의 〈합창 교향곡〉 자필 악보는 유네스코 세계유산으로 지정되어 있습니다.

이 영상은 빈 필하모닉이 뉴욕 카네기홀에서 했던 연주입니다. 4악장 중간 부분으로, 합창단이 나오기 전 현악기들이 차례로 등장해서 클라이맥스를 만들어 가는 모습이 인상적이지요.

이 연주는 앞서 소개한 1989년 성탄절의 베를린 장벽 붕괴 기념 콘서트입니다. 오래된 영상이라 화질이 선명하지는 않아요. 현악 5부가 주 멜로디를 먼저 연주하고, 이어서 관악기가 멜로디를 연주할 때 현악기가 반주합니다. 연합 오케스트라는 전쟁과 분단 관련 국가의 연주자들로 구성되었습니다. 동독 바이에른 방송교향악단, 서독 드레스덴 슈타츠카펠레, 미국 뉴욕 필하모닉, 영국 런던 심포니 오케스트라, 프랑스 파리 오케스트라, 소련 키로프 극장 오케스트라가 참여했습니다.

브람스 - 교향곡 1번 1악장
J. Brahms - Symphony No.1 1st Mov.

브람스가 활동하던 당시, 많은 사람은 브람스가 베토벤의 후계자임을 확신하고 도대체 언제 교향곡을 만들어 발표할 것인지 기다렸습니다. 그도 그럴 것이 브람스는 가곡, 소나타, 실내악곡, 협주곡 등 수많은 곡을 쉴 새 없이 발표했으면서 유독 교향곡만은 완성하지 못하고 있었습니다. 모든 사람의 기대가 너무 부담된 나머지 교향곡을 쓸 엄두가 나지 않았던 것이지요.

작곡가가 된 지 20년이 지나 68번째 작품에 이르러서야, 브람스는 교향곡 1번을 완성했습니다. 브람스 교향곡 1번은 팀파니가 천천히 강하게 중심을 잡는 가운데, 현악기들이 함께 묵직하고 무거운 멜로디를 연주하며 시작됩니다. 이 곡은 모두의 마음을 사로잡았으며, 당대 최고의 지휘자인 한스 폰 뷜로1830~1894년는 이 곡을 '베토벤 교향곡 10번'이라고 극찬했습니다.

브람스는 총 4곡의 교향곡을 작곡했는데, 모두 지금까지 자주 연주되는 명곡입니다. 그는 생전에 자신의 악보와 소장하던 책, 다른 작곡가들의 악보 등 모든 음악 자료를 빈 악우협회•에 기증했습니다. 이 브람스 컬렉션은 2005년에 유네스코 세계기록유산으로 등재되었어요.

지휘 다니엘 바렌보임
악장 이지윤
오케스트라 베를린 슈타츠카펠레

베를린 슈타츠카펠레가 카네기홀에서 공연했던 연주 영상으로, 이 오케스트라의 악장은 한국인 바이올리니스트 이지윤입니다.

• 1812년에 설립된 오스트리아 빈의 클래식 음악 협회이다.

브람스의 좌우명은 '자유롭게 그러나 즐겁게Frei aber Froh'였다고 해요. 이 문구의 약자인 'F-A-F'는 계이름의 '파-라-파'에 해당합니다. 브람스는 3번 교향곡의 시작 화음부터 곡이 끝날 때까지 '자유롭게 그러나 즐겁게'를 상징하는 파-라-도 화음을 곳곳에 배치했어요. 이 곡을 들은 드보르자크는 교향곡 1번과 2번을 뛰어넘는 웅장하고 아름다운 작품이라는 평을 남겼습니다.

브람스는 이 곡을 작곡하고 있을 당시에 성악가 헤르미네 슈피스1857~1893년와 사귀고 있었는데요. 안타깝게도 오래 사귀지 못하고 헤어졌지만, 두 사람 사이의 따스한 사랑을 이 작품을 통해서 지금도 느낄 수 있습니다. 3악장의 멜로디는 브람스의 전체 작품 중에서도 아름답기로 손꼽혀요.

프랑스의 유명한 소설가 프랑수아즈 사강1935~2004년은 1959년에 《브람스를 좋아하세요》를 발표했고, 이 소설을 모티브로 1961년에 영화 〈굿바이 어게인〉이 만들어졌는데요. 이 영화 내내 브람스 교향곡 3번의 3악장이 배경음악으로 사용되면서 이 곡이 더 유명해졌어요. 제일 먼저 첼로가 멜로디를 연주하고, 이어서 바이올린과 호른 파트가 번갈아 음악을 확장해 가며 연주합니다.

지휘 알페시 차우한
오케스트라 런던 필하모닉 오케스트라

지휘자 차우한은 영국 버밍엄 오페라단의 음악감독이자 독일 뒤셀도르프 심포니 오케스트라의 수석 객원지휘자입니다. 대학에서 첼로를 전공한 그는 현악기에 대한 깊은 이해심으로 교향곡에서 현악기의 아름다움을 잘 끌어냅니다. 런던 필하모닉 오케스트라는 런던 심포니 오케스트라, 로열 필하모닉 오케스트라와 함께 영국을 대표하는 오케스트라입니다.

차이콥스키 - 교향곡 6번 '비창' 3악장
P. I. Tchaikovsky - Symphony No.6 'Pathétique' 3rd Mov.

차이콥스키는 극도로 소심하고 내성적인 성격이었습니다. 어머니가 일찍 돌아가시고 어린 시절 가족들과 떨어져 기숙학교에서 지내면서 심각한 우울증을 앓게 되지요. 그는 음악을 좋아했지만 아버지의 반대로 취미로만 배웠고, 아버지의 뜻에 따라 법학을 전공해 법무부에서 일하게 됩니다. 하지만 음악에 대한 열정을 포기할 수 없었던 차이콥스키는 직장에 다니면서 상트페테르부르크 대학 야간반에서 음악을 공부했어요. 결국 음악가가 되기로 결심하여 법무부를 그만두고 음악대학에 정식으로 입학합니다. 나중에는 모스크바 음악원의 교수가 되었지요.

차이콥스키는 교향곡 6번을 발표하면서 '나의 모든 영혼을 이 작품에 넣었다.'라고 말했어요. 실제로 1893년 10월 28일 상트페테르부르크에서 교향곡 5번과 이 곡을 직접 지휘해 초연했고, 그로부터 9일 후 세상을 떠났습니다. 차이콥스키 교향곡 6번은 그가 자기 죽음을 예감하며 자신을 위로한 듯한 슬프고도 아름다운 작품이지요. 곡 전체를 들어보면 그의 삶이 얼마나 아름답고 때로는 슬프고 힘들었는지 느낄 수 있습니다.

여기서 소개한 연주 영상은 3악장의 마지막 부분으로, 삶을 돌아보며 느낀 가슴 벅찬 감사와 기쁨을 현악기들이 마음껏 표현합니다. 그러나 4악장의 마지막은 다시 조용해져 모든 힘이 빠진 듯 첼로와 더블 베이스로 잔잔하게 마무리되지요.

지휘 클라우스 메켈레
오케스트라 파리 오케스트라

클라우스 메켈레는 핀란드 출신의 천재 지휘자입니다. 20대 초반에 이미 음악성과 실력을 인정받아 오슬로 필하모닉과 파리 오케스트라의 음악감독을 겸임하고 있지요. 네덜란드 로열 콘세르트헤바우는 2022년에 메켈레와 2027년부터의 상임 지휘 자직을 계약했습니다.

스메타나는 체코를 대표하는 국민 음악가입니다. 그가 살았던 19세기 중반의 체코는 오스트리아-헝가리 제국이 지배하는 보헤미아 지방이었어요. 보헤미아 사람들은 독립을 꿈꾸며 나라를 위해 다양한 활동을 펼쳤지요. 스메타나는 보헤미아 독립운동가歌를 만들었고, 독립을 외치는 사람들은 그의 노래를 부르며 다녔습니다. 음악에는 사람을 하나로 모으는 놀라운 힘이 있기 때문이죠.

스메타나는 조국의 자연, 땅, 전설 등을 주제로 교향시 〈나의 조국〉을 만들었어요. 이 작품은 비셰흐라트성, 블타바강, 사르카여전사, 보헤미아의 목장과 숲, 타보르전쟁의 중심지였던 도

▼ 블타바강과 스메타나 동상

시, 블라니크산의 여섯 부분으로 구성되어 있습니다. 그중 3번째 곡인 〈블타바〉는 본래 체코어인 '블타바'로 불러야 맞지만 독일어식 발음인 '몰다우'라는 이름으로 더 유명해졌습니다. 이 강은 프라하의 중심부를 관통하며 체코 국토의 430km를 넘게 흐릅니다. 우리의 한강처럼 체코의 대표적인 강이지요.

체코는 1918년에 이르러서야 체코슬로바키아로 독립했고, 이후 1993년에 체코와 슬로바키아로 분리되었기에 스메타나는 결국 조국의 독립을 보지 못했습니다. 하지만 전 세계 사람들은 스메타나를 체코의 독립운동가이자 국민 음악가로 기억하고 있습니다. 그의 음악 덕분에 많은 사람이 프라하의 블타바강을 알게 되었으니까요. 이 곡은 우리나라에서도 3·1절이나 광복절에 자주 연주됩니다.

지휘 크시슈토프 우르반스키
오케스트라 베를린 필하모닉

이 곡은 쉴 새 없이 흐르는 강물을 표현하기 위해 제2바이올린, 비올라, 첼로 연주자들이 쉴 새 없이 많은 음표를 빠르게 연주합니다. 연주 영상의 연주자 악보를 살펴보면 16분음표가 끊임없이 이어지고 있죠. 마치 악보가 흐르는 강물 같아요. 이 강물 위에서 제1바이올린은 아름다운 자연을 노래합니다.

러시아의 작곡가 모데스트 무소륵스키1839~1881년에게는 빅토르 알렉산드로비치 하르트만1834~1873년이라는 화가 친구가 있었습니다. 하르트만은 병으로 일찍 세상을 떠나고, 이후 열린 추모 전시회에서 영감을 받은 무소륵스키가 작곡한 작품이 바로 〈전람회의 그림〉입니다. 이 피아노곡은 음악과 미술, 우정이 어우러진 완벽한 예술적 융합 작품이지요.

이후 이 곡을 듣고 감명받은 프랑스 작곡가 모리스 조제프 라벨1875~1937년이 1922년에 오케스트라 곡으로 편곡했는데요. 지금은 라벨의 편곡 버전이 더 유명해졌답니다. 라벨 이후로도 많은 사람이 다양한 악기로 편곡하거나 영화와 게임 음악으로 활용하고 있지요.

지휘 키릴 페트렌코
오케스트라 베를린 필하모닉

이 연주는 《전람회의 그림》 중 일부인 '프롬나드(promenade)' 부분입니다. 《전람회의 그림》에서는 〈난쟁이〉, 〈고성〉, 〈튀를리 궁전〉, 〈리모주의 시장〉, 〈카타콤〉, 〈키이우의 대문〉 등 10개 그림 사이를 천천히 거닐며 감상하는 모습을 표현한 프롬나드가 에피소드 사이사이에 연주됩니다. 프롬나드에는 '산책'이라는 뜻이 있습니다.

지휘 **리카르도 무티**
오케스트라 **시카고 심포니 오케스트라**

《전람회의 그림》의 마지막 곡 〈키이우의 대문〉입니다. 무소륵스키는 이 곡의 멜로디에 프롬나드를 슬쩍 얹어서 거대하고 아름다운 도시의 대문을 지나 거리를 거니는 듯한 느낌을 표현했습니다. 모든 현악기가 함께 가장 큰 소리로 멜로디를 연주하면 그 음을 심벌즈와 교회 종이 이어받아 더욱 웅장한 소리로 콘서트홀을 가득 채웁니다. 이 음악을 감상하면서 여러분도 키이우의 멋진 성문 길을 걷는 느낌을 받았으면 좋겠네요.

피아노 **임윤찬**

이 작품의 원곡이 피아노곡인 만큼 피아노 연주로도 들어 봐야겠지요? 피아니스트 임윤찬은 2022년 반 클라이번 국제 피아노 콩쿠르에서 역대 최연소인 18세의 나이로 우승한 세계적인 연주자입니다. 이 공연은 2024년 6월 서울 예술의전당 콘서트홀에서 열린 그의 독주회입니다. 임윤찬의 피아노로 연주되는 《전람회의 그림》의 〈키이우의 대문〉을 들어 보세요.

말러 - 교향곡 1번 '거인' 4악장
G. Mahler - Symphony No.1 'Titan' 4th Mov.

말러는 9곡의 교향곡으로 20세기와 21세기 음악계를 완전히 사로잡은 작곡가입니다. 연주자는 물론이고 말러 음악을 전문적으로 연구하는 학자와 말러 교향곡만 찾아 듣는 열성팬도 아주 많지요.

2025년 5월, 암스테르담 콘세르트헤바우에서는 베를린 필하모닉, 네덜란드 로열 콘세르트헤바우, 시카고 심포니 오케스트라, 부다페스트 페스티벌 오케스트라, NHK교향악단 등 평소에는 한자리에서 볼 수 없는 세계 최고의 오케스트라들이 말러를 위해 모여 페스티벌을 열었어요. 페스티벌 21개 음악회의 표가 1년 전에 모두 팔렸을 정도로 인기가 대단했죠.

말러의 교향곡은 베토벤이나 브람스의 교향곡에 비해 현악기 연주자 15~20명, 관악기 연주자 20명 정도가 더 필요합니다. 다양한 타악기와 오르간, 성악 독창, 합창단까지 동원되는 최대 규모의 관현악을 갖추어야 하지요.

많은 작곡가가 평생 가난, 죽음, 외로움, 편견에 시달리며 예술 활동을 이어 갑니다. 말러도 그중 한 명이죠. 보헤미아에서 태어나 오스트리아를 거쳐 미국에서 활동하면서 그는 어느 나라에도 속하지 못한 이방인으로 살았습니다. 그뿐 아니라 어린 시절 형제들의 죽음을 겪었고, 딸의 죽음과 자신이 심장병 발작으로 언제 죽을지 모른다는 불안 속에서 살 수밖에 없었어요. 이런 인생의 고통과 고뇌가 그의 작품에 담겨 지금까지도 많은 사람에게 공감과 위로를 전하고 있습니다.

열정적으로 트레몰로 연주를 하고 있는 현악기 연주자들이 보이나요? 누가 더 많은 음을 연주하나 내기하는 것 같네요. 말러의 교향곡에서는 관악기의 소리가 매우 크기 때문에 현악기 연주자들은 이 4악장을 연주할 때 다른 부분보다 힘을 훨씬 크게 실어야 한답니다.

쇼스타코비치 - 교향곡 5번 4악장
D. Shostakovich - Symphony No.5 4th Mov.

쇼스타코비치는 공산주의 시대에 태어나 평생을 그 체제 안에서 살았던 작곡가입니다. 공산 국가의 예술인들은 매우 힘든 삶을 살았습니다. 작품을 만들 때마다 국가의 사상 검열을 받아야 했고, 어디를 가든 감시자가 따라붙었죠. 쇼스타코비치는 해외에서 스탈린보다 더 유명해졌다는 이유로 더 큰 어려움을 겪기도 했습니다. 그의 작품이 인기를 얻을수록 삶은 더욱 힘들어졌고, 스탈린이 합창곡을 좋아한다는 이유로 어쩔 수 없이 합창곡을 작곡하기도 했습니다. 그래야 자신이 하고 싶은 음악을 만들 수 있었으니까요.

쇼스타코비치는 제1회 쇼팽 국제 콩쿠르에서 본선에 오를 만큼 뛰어난 피아니스트이기도 했습니다. 그는 총 15곡의 교향곡을 작곡했는데요. 하나같이 뛰어난 작품들로 하이든, 모차르트, 베토벤, 브람스, 말러에 이어 교향곡 역사에서 중요한 위치를 차지하는 작곡가로 인정받게 되었습니다.

쇼스타코비치 교향곡 5번은 1982년 2월 12일 세종문화회관에서 쇼스타코비치의 아들 막심 쇼스타코비치1938~의 지휘로 서울시립교향악단이 연주해 큰 화제를 모은 바 있습니다. 지금도 쇼스타코비치 음악 중 우리나라에서 가장 많이 연주되는 작품이에요.

지휘 마이클 틸슨 토마스
오케스트라 런던 심포니 오케스트라

시작 부분부터 금관악기와 타악기의 합주가 아주 강렬하죠? 이 충격적인 시작을 현악기들이 날카롭고 화려하게 이어받아 멜로디를 확장해 나갑니다. 모든 관현악기가 총출동하여 가장 큰 소리를 내며 마무리하는 피날레는 가슴이 뻥 뚫릴 정도로 시원한 느낌을 줄 거예요.

Chapter 5

음악회를 완벽히 즐기는 방법

지금까지 바이올린, 비올라, 첼로, 더블 베이스 등의
현악기와 그에 관련된 명곡들을 알아보았습니다. 함께
소개한 연주 영상도 잘 감상했나요? 영상을 보면 알 수
있듯 같은 모양의 콘서트홀이 하나도 없었을 겁니다.
우리나라를 비롯해 세계 곳곳에는 다양하고 멋진 콘서
트홀이 많아요.
이제 영상으로만 볼 게 아니라 실제로 음악회에 가보는
건 어떨까요? 같은 곡, 같은 연주자, 같은 오케스트라
의 연주라도 이어폰이나 스피커로 듣는 것과 콘서트홀
에서 듣는 것은 하늘과 땅 차이입니다.

음악회를 어떻게
찾아갈까?

바이올린의 화려한 고음이나 더블 베이스의 깊은 저음, 챔버 오케스트라의 풍성한 현악 화음과 오케스트라의 웅장한 소리에서 나오는 에너지는 콘서트홀같이 넓은 공간에서 온전히 느낄 수 있습니다. 연주자들의 생동감 넘치는 움직임을 눈앞에서 볼 수 있다는 것도 큰 매력이지요. 연주가 끝나고 나서 재미있는 앙코르곡을 들을 수도 있고, 운이 좋으면 연주자의 사인도 받을 수 있습니다.

음원이나 유튜브로도 들을 수 있는데 왜 굳이 음악회를 가야 하나라는 생각이 들 수 있겠지만, TV나 SNS로 멋진 여행지를 보고 나서 직접 그곳에 가보는 것과 같은 이유라고 보면 됩니다. 음악을 더 깊이 있고 생생하게 느끼려면 직접 음악회에 가서 듣는 것이 최고의 방법입니다.

음악회는 자주 갈 수 없기에 신중하게 골라야겠죠? 8살 미만이라면 부모님과 함께라고 해도 콘서트홀에 입장할 수 없습니다. 청소년이 스스로 표를 산다는 것도 쉬운 일은 아니죠. 돈을 쓰는 일이고, 음악회장이 영화관처럼 주변에 많이 있는 것도 아니니까요. 음악회는 늦은 저녁에 끝나는 경우도 많아 혼자 가는 것이 간단한 일은 아닙니다.

하지만 직접 음악회를 찾아보고 고를 수는 있어요. 주말 낮 공연은 친구들과 함께 갈 수도 있습니다. 이 책에서 소개한 연주 영상을 감상하면서 특별히 마음에 드는 곡이 생겼다면 전체 악장을 들어 보세요. 그리고 마음에 드는 곡이 있다면 그 곡이 연주되는 음악회를 찾아보면 됩니다.

평소에 클래식 음악을 듣다가 실제 연주를 들어 보고 싶은 곡이 생겼다면 잘 기억해 두세요. 클래식 음악을 자주 듣다 보면 좋아하는 연주자도 생길 거예요. 좋아하는 연주자의 다른 연주 영상을 온라인에서 더 찾아보거나 그 연주자가 공연을 한다고 하면 찾아가는 방법도 있습니다.

국내 주요 오케스트라들은 11월이나 늦어도 12월에 다음 해의 연주 일정과 곡목을 발표하고, 해외 유명 연주자들은 몇 년 치 연주 일정을 결정하기 때문에 한국 공연 일정을 미리 알 수 있습니다. 관심 있는 클래식 음악이나 연주자의 공연을 찾는 것은 생각보다 간단합니다. 그럼, 이제 음악회에 가는 방법을 구체적으로 알아볼까요?

∥: 음악회 정보를 얻는 방법 :∥

　음악회 정보를 얻고 고르는 방법은 크게 세 가지입니다. 콘서트홀 홈페이지, 교향악단 홈페이지, 그리고 연주자들의 SNS를 살펴보는 거예요.

　첫 번째로 콘서트홀 홈페이지에 들어가 볼까요? 우리나라에는 서울뿐 아니라 전국적으로 클래식 콘서트홀이 많이 있습니다. 우선 서울에는 예술의전당, 롯데콘서트홀, 국립극장, 세종문화회관, LG아트센터와 같이 대형 콘서트홀부터 곳곳에 클래식 콘서트홀이 있어요.

　물론 서울에 가장 많이 있지만 다른 도시에도 콘서트홀이 있습니다. 수원SK아트리움, 경기도문화의전당, 인천아트센터, 부천아트센터, 대전 예술의전당, 부산문화회관, 부산콘서트홀, 광주 예술의전당, 전주 한국소리문화의전당, 대구 콘서트하우스, 원주 백운아트홀, 청주 예술의전당, 춘천문화예술회관, 통영국제음악당, 제주아트센터, 서귀포 예술의전당 등 셀 수 없이 많은 클래식 전용 콘서트홀이 있어요. 여러분이 살고 있는 도시 이름에 클래식 콘서트홀을 붙여서 검색해 보면 생각보다 훨씬 많은 콘서트홀이 있다는 것을 알게 될 것입니다.

　그렇다면 이 중 어느 콘서트홀이 가장 좋을까요? 정답은 '사람마다 좋아하는 홀이 다르다.'입니다. 홀마다 생김새가 달라서 음향의 특성도 제각각이에요. 크고 화려하다고 해서 반드시 아름다운 소리가 나는 것은 아닙니다. 특징이 서로 다를 뿐이지요. 신기하게 같은 홀이라도 1층과 2층에서 들리는 소리가 다릅니다. 1층 뒷자리보다 2층에서 더 좋은 소리가 들리는 홀도 있어요.

가고 싶은 콘서트홀의 홈페이지에 들어가 보면 1년 동안 그곳에서 열릴 음악회 정보가 나와 있을 거예요. 서울 예술의전당의 경우, 2년 후까지 연주회 일정을 공개하고 있습니다. 전국에서 매일 얼마나 많은 연주회가 열리는지 알면 깜짝 놀랄 거예요.

두 번째로 내가 살고 있는 도시의 교향악단 홈페이지를 찾아가 보세요. 우리나라 대부분의 시도에는 시립교향악단과 도립교향악단이 있습니다. 부산, 인천, 대구, 대전, 수원, 부천, 광주, 전주, 원주, 진주, 강릉, 청주, 제주 등 많은 도시에 교향악단이 있지요. 도시 이름과 '시립교향악단'을 함께 검색해 보세요. 서울 외 지역의 시립·도립 교향악단 연주회는 서울의 음악회보다 표가 훨씬 저렴합니다. 하지만 음악회 수준은 절대 떨어지지 않으니 어느 도시의 교향악단이든 연주회에 가보는 것을 추천합니다.

교향악단 홈페이지마다 정기 연주회, 기획 연주회, 특별 연주회, 야외 연주회, 실내악 연주회, 찾아가는 음악회 등 다양한 음악회 일정을 공개하고 있어요. 시립교향악단은 베토벤, 브람스, 말러, 쇼스타코비치와 같은 교향곡부터 대중적인 음악회까지 다양한 연주회를 진행합니다. 여름방학에는 청소년 음악회, 12월에는 크리스마스 콘서트, 봄과 가을에는 야외 공연도 진행하지요. 야외 공연은 무료로 진행되는 경우가 많으니 도시락을 준비해서 가족과 함께 즐겨 보는 것도 좋을 거예요.

그렇다면 이 중 어떤 음악회부터 가는 게 좋을까요? 어느 음악회든 다 좋겠지만 정기 연주회에 먼저 가보는 것을 추천합니다. 정기 연주회는 교향악단의 1년 연주회 중 가장 공들여 준비하는 프로그램입니다. 평소에 보기 힘든 특별한 협연자를 만날 수도 있어요.

세 번째로 연주자의 SNS를 통해 연주회 정보를 얻을 수 있습니다. 연주자들은 관객과의 소통을 중요하게 여깁니다. SNS를 통해 연주 일정을 알리고, 연습 과정을 공개하거나 앙코르곡 신청을 받기도 하지요. 외국 연주자들은 한국 방문 전에 한국어로 인사하는 영상을 올리기도 합니다.

이런 방법들을 통해 가고 싶은 음악회를 결정했다면, 가능한 한 빨리 예매하는 것이 좋습니다. 일찍 예매할수록 원하는 좌석을 선택할 가능성이 높으니까요. 같은 R석이어도 위치에 따라 연주자의 모습이 전혀 다르게 보일 수 있습니다. 피아노 협주곡이라면 무대 오른쪽 좌석에서는 피아니스트의 얼굴만 보이고 손동작은 피아노에 가려 보이지 않을 거예요. 반대로 바이올린 협주곡이라면 무대 왼쪽 좌석에서는 바이올리니스트의 오른팔과 옆모습만 보게 될 가능성이 큽니다. 연주자의 생생한 표정까지 보고 싶다면 앞좌석이 좋고, 관현악의 합주를 집중해서 듣고 싶다면 중간 뒤쪽이나 2층 앞좌석을 추천합니다.

마지막으로 클래식 음악축제에 가보는 겁니다. 우리나라에는 클래식 음악축제가 꽤 여러 개 있어요. 잘 알아 두면 좋은 공연을 쉽게 감상할 수 있습니다.

국내의 가장 큰 클래식 음악축제는 매년 4월 서울 예술의전당에서 열리는 '교향악축제'입니다. 30년 넘게 한국 클래식 음악계를 이끌어 온 대표적인 음악제이지요. 일반 음악회보다 저렴한 가격으로 전국 각 도시를 대표하는 오케스트라들의 공연을 예술의전당에서 축제 기간 감상할 수 있어요. 교향악축제에서는 그해의 신예 스타부터 인기가 가장 많은 연주자로 협연자를 구성하기 때문에, 누가 협연자로 나서는지가 매년 화제가 되기도 합니다.

매년 3월에 통영에서 열리는 '통영국제음악제'도 빼놓을 수 없습니다. 통영 출신의 세계적인 작곡가 윤이상˙을 기념하는 음악축제예요. 이 음악제는 '아시아의 잘츠부르크 음악제'라는 별명이 있을 정도로 국제적 명성이 높습니다. 매년 윤이상을 존경하는 세계적인 연주자들이 이 음악제에 참가하기 위해 통영을 찾습니다. 축제 기간에는 서울에서 통

영국제음악당까지 특별 버스가 운행될 정도도 인기가 많아
요.

7월 말에서 8월 초 사이에 평창과 대관령 등 강원도 곳곳
에서 열리는 '평창대관령음악제'도 있습니다. 2004년에 시
작된 이 음악제는 줄리어드 강 효 교수를 시작으로 정경화,
정명화, 손열음, 양성원 등 한국을 대표하는 음악가들이 음
악감독을 맡아 왔습니다. 이 음악제에서는 아름다운 자연을
배경으로 세계적인 연주자들의 공연과 강의, 마스터 클래스
를 들을 수 있어요.

2020년에 시작한 '클래식 레볼루션'은 8월에서 9월 사이
열흘간 서울 롯데콘서트홀에서 열리는 축제입니다. 해마다
작곡가 한 사람을 테마로 정하고, 한국을 대표하는 오케스
트라와 세계적인 연주자 들이 함께 그의 대표 작품들을 매
일 연주해요. 한 작곡가의 작품들을 집중적으로 감상할 수
있는 좋은 시간입니다.

음악회
제대로 즐기기

가고 싶은 음악회를 찾았다면 이제 음악회에 가는 연습을 해봅시다. 음악회에 간다고 상상하며 이어서 소개할 내용을 잘 읽어 보세요. 여기에서 소개하는 내용을 잘 기억해 두었다가 실제 음악회에 갈 때 적용하면 어떤 음악회에서도 자연스럽게 행동하고 공연도 잘 감상할 수 있을 거예요.

그럼, 교향악단 정기 연주회를 가볼까요? 우리가 가상으로 방문할 음악회는 수원시립교향악단 제300회 정기 연주회로 서곡, 협주곡, 교향곡이 연주되는데요. 교향악단 정기 연주회의 가장 기본적인 구성이지요. 교향악단 홈페이지에서 음악회의 날짜와 시간, 연주곡, 그리고 연주자 정보를 확인할 수 있어요.

음악회를 결정했다면 연주될 곡과 연주자들의 연주를 미

리 들어 보는 게 감상에 큰 도움이 됩니다. 이 음악회에서는 브람스의 〈대학 축전 서곡〉, 바이올린과 첼토를 위한 협주곡, 교향곡 1번을 연주한다고 하는군요. 협연자인 첼리스트 문태국의 연주는 121쪽에 소개한 바흐의 〈골드베르크 변주곡〉에서, 수원시립교향악단의 연주는 138쪽에 소개한 레스피기의 〈류트를 위한 고풍적 무곡과 아리아 모음곡 3번〉에서 들어 볼 수 있고요. 브람스 교향곡 1번은 167쪽에서 곡에 대한 설명과 연주 영상을 볼 수 있습니다. 유튜브나 클래식 음원 플랫폼에 더 많은 연주 영상이나 음원이 있고, 혹시 집에 클래식 CD가 있다면 그동안 몰라서 지나쳤을 수 있으니 한번 확인해 보세요.

‖: 매너를 지켜요 :‖

콘서트홀에도 다른 공연장과 마찬가지로 꼭 지켜야 할 관람 예절이 있습니다. 뮤지컬, K-POP 공연, 스포츠 경기, 아니면 미술관에 가더라도 여러 사람이 이용하는 곳기라면 공통으로 챙겨야 할 매너들이 있는 것처럼요. 어느 분야든 그곳의 분위기를 처음 겪을 때는 어색할 수 있지만, 음악회도 다른 공연과 마찬가지로 크게 까다롭지 않아서 누구나 금방 적응할 수 있을 거예요.

음악회에서 매너를 지켜야 할 이유와 목적은 하나에요. 가장 좋은 음악 감상을 위한 연주자와 관객, 관객과 관객 사이에 보이지 않는 약속이지요.

첫째, 콘서트홀 문은 정시에 닫힙니다. 일반적으로 주중에는 오후 7시 30분이나 8시, 주말에는 오후 2시, 5시, 7시에 음악회를 시작합니다. 이 시간이 되면 콘서트홀 문이 닫히고 1분이라도 늦으면 그 곡의 연주가 끝날 때까지 입장할 수 없어요. 공연 중에 급한 일이 생겨서 콘서트홀을 나왔을 때도 다시 들어갈 수 없습니다. 역시 연주되고 있는 곡이 다 끝나야 들어갈 수 있어요. 그래서 조금 여유를 가지고 공연장에 도착하는 것이 좋습니다. 로비에 있는 포스터를 배경으로 사진도 찍고, 프로그램 북도 사고, 화장실도 미리 다녀오면 됩니다.

둘째, 핸드폰을 반드시 끄거나 무음으로 설정해야 합니다. 진동도 안 돼요. 혹시 알람을 해둔 것은 없는지도 확인해 주세요. 음악은 소리의 예술이기 때문에 진동 소리도 주변 관객들에게 실례가 될 수 있어요. 간혹 음악회 중간에 핸드폰 화면을 보는 사람이 있는데, 음악회의 객석은 매우 어두워서 핸드폰 화면의 밝기를 아무리 낮춰도 불빛이 주변으로 밝게 퍼져 나갑니다. 따라서 공연 중에는 핸드폰 화면을 보지 않는 것이 좋습니다. 너무 엄격하다는 생각이 들 수도 있지만 반대로 생각해 보면 어렵지 않아요. 내가 집중해서 감상하고 있는데 누군가의 부주의로 방해를 받을 수 있다고 생각해 보면 내가 먼저 주의하는 것이 좋겠지요.

셋째, 언제 박수를 치는 게 맞는지 궁금할 때가 있습니다. 연주자가 나올 때도 박수를 치고, 나갈 때도 박수를 치고, 곡이 끝날 때도 치고, 앙코르를 요청할 때도 박수를 치며 외쳐요. 그런데 음악회 중간에 박수 치는 사람을 한 번쯤 본 적이 있을 거예요. 그 사람은 아마 곡이 끝난 줄 알았을 겁니다. 얼마든지 그럴 수 있어요. 괜찮습니다. 물론 클래식 음악회에서는 음악 중간에 박수를 치지 않고 그 한 곡의 연주가 전부 끝난 다음 마지막에 박수를 칩니다. 박수를 치는 기준은 곡의 전체가 끝났을 때니까요.

클래식 음악은 한 곡의 길이가 너무 길다 보니 끝이 언제인지 잘 몰라서 중간에 박수가 나오는 경우가 더러 있습니다. 협주곡과 교향곡에서는 악장과 악장 사이에 연주를 멈추니까 그때 곡이 끝난 줄 알고 박수를 치기도 하는 거죠. 하지만 연주가 매우 좋으면 중간에도 박수를 칠 수 있으니 그 점에 대해서는 너무 신경 쓰지 않아도 됩니다. 언제가 끝인지 모를 때에 가장 확실한 방법이 있어요. 그건 남들이 친다고 무조건 따라서 치지 말고 꾹 참았다가 지휘자나 연주자가 관객에게 인사할 때 그 누구보다도 크게 박수를 치는 겁니다. 그러면 가장 확실해요.

넷째, 콘서트홀에서는 음식물을 섭취할 수 없습니다. 영화관이나 스포츠 경기장과 달리 간단한 스낵은 물론이고 커피나 탄산음료도 들고 들어갈 수 없어요. 다만 뚜껑이 있는 생수병과 사탕은 가능합니다.

다섯째, 음악회에 어떤 옷을 입고 가야 할지 고민한 적이 있나요? 음악회에는 어떤 옷을 입고 가도 상관없습니다. 다만 관객들이 나란히 앉아 있기 때문에 서로 불편을 주지 않도록 배려해야 해요. 모자를 쓰면 뒷사람의 시야를 가릴 수 있어요. 패딩 점퍼는 조금만 움직여도 생각보다 바스락거리는 소리가 커서 주변 사람들로부터 눈총을 받을 수 있으니 조심하는 게 좋습니다.

여섯째, 연주 중간에 사진과 동영상을 촬영하면 안 됩니다. 콘서트홀 로비에 가면 포토존이 있어요. 여기서 가족, 친구들과 기념사진을 찍을 수 있지요. 하지만 연주가 진행되는 중에는 절대로 사진이나 동영상을 촬영해서는 안 됩니다. 주변 관객들에게 방해가 될뿐더러 저작권법과 관련된 문제이기 때문에 자기가 혼자서 보려고 한다고 해도 절대로 해서는 안 되는 행동이에요. 앙코르 연주도 연주이기 때문에 촬영해서는 안 됩니다. 연주가 끝난 후 연주자가 관객에게 인사하는 커튼콜 때만 촬영할 수 있어요.

연주회가 끝나고 나서 연주자를 만나 사인을 받거나 사진을 촬영하고 싶다면 사인회 공지가 있는지 살펴보세요. 유명한 연주자의 음악회에서는 공연 후에 로비에서 사인회가 열립니다. 따로 사인회 공지가 없다면 출연자 출입구로 가 보세요. 많은 팬이 사인을 받기 위해 연주자를 기다리고 있을 거예요.

‖: 프로그램 북을 꼼꼼히 읽어 보아요 :‖

콘서트홀에 가면 로비에서 프로그램 북을 구매할 수 있습니다. 프로그램 북에는 그날 연주에 관한 모든 정보가 담겨 있기 때문에 읽어 두면 음악 감상에 큰 도움이 됩니다.

다음은 2025년 10월 23일 수원시립교향악단 제300회 정기 연주회의 프로그램입니다. 콘서트홀 객석에 앉아 이 프로그램 북을 읽는다고 상상해 볼까요?

교향악단 정기 연주회는 일반적으로 '서곡-협주곡-쉬는 시간-교향곡' 순서로 진행됩니다. 서곡은 원래 오페라나 발레 공연이 시작될 때 공연 전체의 중요한 멜로디를 모아 10분 정도 미리 들려주는 곡으로 시작되었습니다. 베토벤이나 브람스는 이야기나 주제를 정해서 콘서트용 서곡으로 짧은 관현악곡을 작곡하기도 했어요. 이날 연주되는 곡이 바로 콘서트용 서곡입니다. Op.80은 브람스의 전체 작품 중 80번째로 작곡되었다는 뜻입니다. 라틴어로 작품을 뜻하는 오퍼스opus를 줄여서 Op.로 표시하지요.

Johannes Brahms Academic Festival Overture, Op.80

요하네스 브람스 대학 축전 서곡 작품번호 80

Johannes Brahms Concerto for Violin, Cello and Orchestra in a minor Op.102

요하네스 브람스 바이올린과 첼로를 위한 협주곡 가단조 작품번호 102

Violin 김재영

Cello 문태국

1st Mov. Allegro
1악장. 빠르게

2nd Mov. Andante
2악장. 천천히 걷는 정도의 빠르기로

3rd Mov. Vivace non troppo
3악장. 빠르게 그러나 지나치지 않게

Intermission
쉬는 시간

Johannes Brahms Symphony No.1 in c minor Op.68

요하네스 브람스 교향곡 1번 다단조 작품번호 68번

1st Mov. Un poco sostenuto – Allegro
1악장. 조금 느리게 - 빠르게

2nd Mov. Andante sostenuto
2악장. 천천히 걷는 정도의 빠르기로

3rd Mov. Un poco allegretto e grazioso
3악장. 조금 빠르게 그리고 우아하게

4th Mov. Adagio - Più andante - Allegro non troppo, ma con brio - Più allegro
4악장. 느리게 - 조금 천천히 - 빠르지만 지나치지 않게, 생기 있게 - 좀 더 빠르게

2025. 10. 23. PM 7:30
수원SK아트리움 대공연장

두 번째로 연주될 바이올린과 첼로를 위한 협주곡은 Op. 102라고 되어 있으니 브람스의 102번째 작품임을 알 수 있습니다. 바이올린과 첼로의 두 협연자가 함께하기 때문에 '더블 콘체르토'라고도 불려요. 프로그램 북의 다음 장에는 바이올리니스트 김재영과 첼리스트 문태국에 대한 소개 글이 있을 거예요.

협주곡 연주가 끝나면 20분의 쉬는 시간이 있고, 후반부에는 이 연주회의 중심이 되는 교향곡이 연주됩니다. 교향곡 1번 작품번호 68번은 브람스의 교향곡 중에는 1번이고, 전체 작품 중에서는 68번이라는 뜻입니다. 다단조란 곡이 다단조로 시작한다는 뜻으로, 'c minor'의 c는 계이름 '도'를, minor는 '단조'를 말합니다. 곡이 시작될 때 을리는 첫 화음에서 '도'가 들릴 거예요.

교향곡은 모두 4악장으로 되어 있어요. 그런데 집중해서 음악을 듣다 보면 지금 연주되고 있는 부분이 몇 번째 악장인지 헷갈릴 때가 있지요. 이럴 때는 교향곡 1번의 특별한 점들을 미리 알아 두면 좋습니다. 연주곡에 대한 자세한 설명이 프로그램 북의 뒷부분에 있을 거예요. 이 교향곡의 2악장은 느린 악장이에요. 그리고 2악장이 끝나갈 무렵에는 악장의 독주가 나옵니다. 아름답고 고요한 바이올린 소리가 마지막까지 홀을 가득 채우며 끝을 맺을 거예요. 4악장은 처음에는 느리게 시작했다가 점점 빨라집니다.

‖: 연주자의 의상이 검은색인 이유 :‖

프로그램 북을 다 읽어 갈 즈음이면 연주회 시작 시간이 됐을 거예요. 핸드폰을 꺼달라는 간단한 안내 멘트가 나오고, 이어서 객석의 불이 꺼지고 무대가 환하게 밝아집니다. 이후 오케스트라 연주자들이 등장하는데, 모두 검은색 연주복을 입고 있지요. 연주자들의 연주복이 모두 검은색인 데는 몇 가지 이유가 있습니다.

하이든이 살던 시대에는 하얀 가발과 하얀색 연주복을 입었어요. 그때는 특별한 무대 장치나 조명이 없어서 무대가 밝지 않았고, 그 당시에 검은색 옷은 비싸고 구하기가 어려워서 일반 시민이나 연주자들은 쉽게 입을 수 없었어요. 18세기 이후 산업이 발달하면서 음향과 조명을 잘 갖춘 콘서트홀이 많아지고, 새로운 염색 기법으로 누구나 검은색 연미복과 연주복을 구할 수 있게 되었습니다. 그리고 여러 명이 연주할 때 검은색을 연주복으로 입게 된 이유는 밝은 조명 아래에서 수십 명의 연주복까지 밝은색이면 관객들의 눈이 금방 피로해져서 음악에 집중하기 어려울 수 있기 때문이에요.

멋진 연주복을 입은 연주자들을 박수로 환영해 주세요. 연주자들은 자리에 앉아 이날 연주될 곡을 마지막으로 점검하며 각자 소리를 낼 것입니다. 연주자가 80명이라면 80개

의 소리가 나는 거예요. 이때만큼 시끄럽고 어수선한 순간
이 없습니다.

‖: 음악회 시작 :‖

무대 조명이 더 밝아지고 오케스트라의 리더인 악장이 등
장하면 무대가 순식간에 조용해집니다. 오케스트라 연주자
들은 악장의 신호에 맞추어 튜닝tunning을 합니다. 독주회에
서는 피아노에 맞추어 음의 높낮이를 조절하지만 오케스트
라에서는 오보에가 불어 주는 '라' 음에 맞춰서 조율합니다.
오보에는 오케스트라의 다른 악기들에 비해 음정 변화가 적
어서 오케스트라의 기준이 되었어요.

이 시간은 오케스트라 연주 전에 가장 중요한 시간입니
다. 악기마다 음색이 다르지만 함께 화음을 맞춰야 하니까
요. 기준 음이 같아야 화음을 만들 수 있습니다. 현악기는
나무로 제작되어 습도와 온도에 매우 민감해요. 작은 충격
에도 상처가 나고 줄이 엉망이 되기도 하죠. 긴 시간 연주할
때도 중간중간 점검해야 해서 악장과 악장 사이에 줄을 다
시 확인하는 연주자들이 많답니다.

이후 잠시 조용해졌다가 다시 무대 문이 열리면 지휘자가
등장합니다. 프로그램 북에 소개된 첫 곡 브람스의 〈대학 축

전 서곡〉이 연주될 거예요. 서곡은 연주 시간이 10분 정도로 길지 않습니다. 서곡 연주가 끝나면 무대가 약간 어두워지고 무대 관계자들이 나와서 바이올리니스트와 첼리스트 협연자가 연주할 수 있는 공간을 만듭니다. 이때 오케스트라 연주자 중 현악기 연주자 10~12명 정도가 퇴장할 텐데, 이는 오케스트라 소리를 줄여서 협연자의 소리가 더 잘 들리게 하기 위함입니다.

이어서 두 번째 곡인 바이올린과 첼로를 위한 협주곡을 위해 두 연주자가 등장합니다. 협주곡은 3악장 구성으로 연주 시간은 30분가량입니다. 바이올린과 첼로가 함께 협연하는 곡은 브람스의 협주곡이 유일합니다. 바이올린과 첼로를 위한 협주곡은 개인의 기량도 중요하지만 두 연주자의 호흡도 잘 맞아야 해서 아주 능숙한 연주자가 아니면 해내기 어려운 곡입니다. 협주곡의 구성은 '빠른 악장-느린 악장-빠른 악장'으로 간단해서 곡의 끝을 헷갈릴 일은 없을 거예요.

이제 쉬는 시간intermission입니다. 연주자와 관객에게는 쉬는 시간이지만, 음악회 진행자들에게는 가장 바쁜 시간이지요. 콘서트홀 안팎에서 안내를 맡는 사람들을 '하우스 어셔house usher'라고 부릅니다. 이들은 표 확인, 자리 안내와 함께 콘서트홀에서 하면 안 되는 행동을 하는 관객에게 주의를 주며 여러 상황을 관리합니다. 공연 도중에 나가는 관객이 어두운 객석에서 넘어지거나 다른 관객에게 방해를 주지 않

도록 출구로 안내하는 것도 하우스 어셔의 일입니다. 어셔
는 콘서트홀의 정직원이기도 하고, 많은 인원이 필요할 때
는 음악을 좋아하는 젊은이들을 단기 아르바이트생으로 채
용하기도 해요. 음악회를 가까이에서 볼 수 있는 좋은 기회
가 되겠지요?

쉬는 시간에 무대에서는 많은 일이 일어납니다. 후반부
에 연주될 교향곡에는 이날 연주곡 중 가장 많은 연주자가
등장하기 때문에 악기 파트 간의 거리를 계산해서 보면대와
의자를 더 배치합니다. 현악기 연주자들은 활을 크게 움직
이며 연주하기 때문에 너무 가까이 붙어 앉으면 팔이 서로
부딪힐 수 있어요. 이렇듯 자리 배치는 연주에 있어 아주 중
요한 절차입니다.

무대를 보면 누군가 커다란 악보를 들고 들어와서 지휘자
보면대에 있는 악보와 교체할 거예요. 이 사람이 오케스트
라에서 사용하는 모든 악보를 담당하는 악보 담당자입니다.
지휘자와 연주자가 연주 때 보는 악보는 악보 담당자가 연주
전에 보면대에 갖다 놓습니다. 지휘자가 보는 악보는 총보
score라고 해요. 여기에는 모든 악기의 악보가 함께 적혀 있어
요. 연주자들은 자신이 연주하는 악기의 악보만 보면 됩니
다.

한 곡을 연주하는 데 필요한 악보는 지휘자용과 연주자용
을 모두 합쳐 60개가 넘어요. 그래서 오케스트라에는 악보

실이 따로 있습니다. 좋은 오케스트라일수록 악보 담당자와 악기 담당자가 여러 명이고, 오래된 오케스트라일수록 악보실의 역할이 중요합니다. 30~40년 이상 된 악보들도 있고, 현악기 악보에 적힌 활 쓰기 표시가 음악의 흐름을 결정하는 정보이자 지적 재산이 되기 때문입니다. 그래서 자주 연주되는 곡들은 여러 버전으로 보관하기도 해요.

악보실 외에 악기실도 있습니다. 악기 담당자는 더블 베이스, 타악기, 하프, 피아노 등의 많은 악기와 보면대, T자 등의 소품을 관리하고 운반합니다.

관객들이 다시 자리에 앉으면 무대 조명이 밝아집니다. 연주자들이 등장해 연주회 시작 직전처럼 오보에 연주자의 소리에 맞춰 튜닝을 하지요. 잠시 조용해지면 지휘자가 등장하고, 이제 브람스 교향곡 1번이 연주됩니다.

브람스 교향곡 1번은 4악장으로 이루어져 있습니다. 각 악장에 적혀 있는 빠르기 표시는 브람스가 악보에 직접 적어 놓은 빠르기예요. 프로그램 북에 적혀 있는 빠르기 표시를 잘 기억해 두면 감상하는 데 도움이 될 거예요.

연주가 끝나면 관객들은 박수를 칩니다. 연주가 좋았을수록 박수 소리는 크고 앙코르, 브라보를 외치고 휘파람을 부는 사람들도 있을 거예요. 앙코르곡을 연주해 줄지도 모르니 여러분도 앙코르를 외쳐 보세요.

혹시 연주 중에 잠깐 졸았나요? 그래도 창피해하거나 속상해하지 말아요. 누구나 그럴 수 있습니다. 콘서트홀이 어색해서 긴장했다가 어두운 곳에서 가만히 앉아 있다 보니 긴장이 풀려서 그랬을 거예요. 한 번 더 음악회에 가보면 괜찮아질 겁니다. 콘서트홀의 분위기에 익숙하지는 것이 중요해요.

만약 앙코르곡 연주가 이루어졌다면, 프로그램 북에 없던 앙코르곡의 작곡가와 제목이 궁금할 텐데요. 연주회가 끝나고 나오면 로비 게시판에 '오늘의 앙코르곡'이라는 안내문이 붙어 있을 거예요. 혹시 로비에서 확인하지 못했다면 교향악단 홈페이지나 SNS에서 찾아볼 수 있습니다.

해외에서
음악회 가보기

　요즘은 해외여행을 많이 가지요? 해외에 가면 그 나라에서만 해 볼 수 있는 색다른 체험도 하고, 현지 음식도 맛보고, 유명 놀이동산도 찾아갈 겁니다. 그렇다면 그 나라와 도시의 콘서트홀에 가보는 것은 어떨까요? 유명 미술관은 대부분 관광객으로 붐비지만, 콘서트홀의 관객들은 거의 현지인입니다. 그 나라 사람들과 섞여 앉아 음악을 듣는 것이야말로 그 나라의 문화를 온전히 체험하는 색다른 기회가 될 거예요.

　콘서트홀은 어디나 멋있게 지어져 있어요. 문화와 예술의 가치를 아는 도시일수록 콘서트홀의 생김새가 더욱 섬세합니다. 뉴욕 카네기홀, 시드니 오페라하우스, 빈 무지크페어라인 같은 멋진 콘서트홀들은 근사한 사진과 함께 해외의

랜드마크로 소개되기도 하지요. 여행을 가면 시간이 부족하니까 대부분은 그곳 앞에서 사진만 찍고 떠납니다. 하지만 콘서트홀의 진정한 매력은 음악회에서 경험할 수 있어요.

콘서트홀은 사진을 찍기 위한 건물이 아니라 음악회가 열리는 곳이라는 것을 기억하세요. 그곳이 왜 유명한지는 음악회가 열릴 때 가봐야만 알 수 있어요. 그리고 어느 콘서트홀이든 외부보다 내부가 훨씬 멋있답니다. 음악회는 주로 저녁에 열리니 낮에 주변을 관광하고, 저녁 하루쯤은 음악회에 가보는 것도 좋은 경험이 될 거예요.

홀에 따라 내부 투어 프로그램을 운영하는 곳도 있습니다. 유명 홀들은 공연이 없는 날 낮에 일반인 투어를 진행합니다. 투어에서는 콘서트홀 무대를 걸어 보거나 연주자 대기실, 지휘자실, 피아노 보관실을 둘러볼 수 있어요. 파이프 오르간이 있는 홀은 파이프 오르간의 내부도 구경할 수 있지요. 대기실에서 무대로 나가는 길까지 함께 걸어 볼 수도 있답니다.

어느 도시에 어떤 오케스트라와 홀이 있는지 궁금하다면 여행할 도시 이름과 함께 'orchestra'나 'concert hall'을 붙여서 검색해 보세요. 운이 좋으면 평소에 보기 힘든 유명 연주자의 독주회나 유명 오케스트라의 연주를 국내보다 싼값에 볼 수 있어요. 공연 당일 매표소에서 취소 표를 아주 싸게 사는 행운을 얻을 수도 있습니다.

여행할 도시를 정했다면 콘서트홀 홈페이지에 들어가서 음악회 일정, 출연진, 프로그램을 확인해 보세요. 모든 콘서트홀에는 각각 다른 이름으로 규모에 따라 큰 홀, 중간 홀, 작은 홀이 있습니다. 서울 예술의전당 안에 콘서트홀, 챔버홀, 리사이틀홀이 있는 것처럼요. 만약 사람 이름이 붙은 홀이라면 그 나라를 대표하는 작곡가나 연주자 또는 그 홀을 지을 때 큰 도움을 준 사람의 이름일 거예요. 웅장한 홀의 오케스트라 연주부터 아담한 홀에서의 바이올린, 첼로 독주회도 가보면 좋을 겁니다.

우리나라는 설날과 추석 연휴를 제외하고 1년 내내 음악회가 열리지만, 유럽과 미국은 9월부터 이듬해 6월 말까지가 정기 연주회 시즌입니다. 7월부터 8월에는 정기 연주회 대신 자연이 아름다운 휴양 도시들을 중심으로 음악축제가 열리지요. 이 시기에 많은 연주자가 음악축제에 모여 독주회와 실내악 연주를 하고, 전공생들을 대상으로 공개 레슨도 진행합니다. 평소에 바빠서 만나지 못했던 연주자들도 이 기간을 통해 음악과 함께 즐겁게 지낸답니다. 음악축제도 모두 공식 홈페이지가 있어서 축제 정보와 프로그램을 확인하고 음악회 예매까지 한 번에 할 수 있습니다.

이어 세계적으로 유명하고 아름다운 콘서트홀과 음악축제를 소개하겠습니다. 여행지에서 만나는 클래식 음악으로 가족 여행이 더욱 즐거워지길 바랍니다.

‖: 세계의 유명 콘서트홀 :‖

뉴욕 카네기홀
www.carnegiehall.org

1891년에 건립된 이곳은 많은 세계적인 예술가가 공연한 곳으로 유명합니다. 1960년대에 링컨센터가 세워지고 여기에서 연주하던 뉴욕 필하모닉이 링컨센터로 이사를 가면서 요즘은 클래식뿐 아니라 대중음악 연주자들에게도 무대를 개방하고 있지요. 뉴욕 카네기홀은 네모반듯하고 천장이 높아서 잔향이 잔잔하면서도 객석 끝까지 작은 소리가 끊어지지 않는, 음향이 아름다운 대표적인 콘서트홀이에요.

▼ 뉴욕 카네기홀 전경

링컨센터는 뉴욕 필하모닉의 전용 연주장인 데이비드 게 펜 홀, 메트로폴리탄 오페라단이 공연하는 메트로폴리탄 오 페라하우스, 뉴욕 시티 발레단이 공연하는 데이비드 코크 극장 등을 갖추고 있습니다. 재즈, 연극, 영화까지 관람할 수 있는 복합 문화 센터이지요.

링컨센터에서는 어느 단체의 공연을 보더라도 세계 최고 수준의 공연을 즐길 수 있습니다. 오페라극장과 오케스트라 홀 건물 뒤편에는 세계적으로 유명한 줄리어드 음악학교가 자리 잡고 있어요.

▼ 뉴욕 링컨센터 전경

　미국 LA에 있는 월트 디즈니 컴퍼니의 창업주 월트 디즈니를 기념해 설립된 홀이에요. LA 필하모닉이 주로 이곳에서 공연합니다. 미국의 10대 건축물에 선정될 만큼 웅장한 외관을 자랑하며 건물 안에는 아름다운 정원이 있지요.

　홀의 내부에 들어서면 보기만 해도 마음이 차분해지는 아름다운 파이프 오르간이 정면에 자리하고 있어요. 이 홀은 내부 투어 프로그램이 잘 갖추어져 있으니 음악회가 없더라도 방문해 보는 것을 추천합니다.

▼ 월트 디즈니 콘서트홀 전경

  세계 최초의 빈야드 스타일의 홀로, 이전까지의 음악 홀은 뉴욕 카네기홀이나 빈 무지크페어라인 황금홀처럼 천장이 높은 직사각형 모양이었어요. 베를린 필하모닉의 전설적 지휘자 카라얀이 많은 사람의 반대를 무릅쓰고 새로운 스타일의 홀을 지은 것이 바로 이 베를린 필하모닉 홀입니다.

  빈야드vineyard는 '포도밭'이라는 뜻으로, 관객석이 무대를 둘러싸면서 무대와 관객석의 거리가 훨씬 가깝고 어느 각도에서도 관람할 수 있다는 것이 특징입니다. 카라얀의 아이디어는 결과적으로 대성공이었고, 이후 많은 나라에서 빈야

▼ 베를린 필하모닉 홀 전경

드 스타일의 홀을 짓게 되었습니다. 앞서 살펴본 월트 디즈니 콘서트홀을 비롯해 함부르크 엘프필하모니 콘서트홀, 우리나라의 롯데콘서트홀도 빈야드 스타일로 지어졌어요.

함부르크 엘프필하모니 콘서트홀
https://www.elbphilharmonie.de

21세기에 지어진 클래식 콘서트홀 중에서 가장 유명한 곳이 바로 함부르크 엘프필하모니 콘서트홀이에요. 독일 함부르크 항구에 방치되어 있던 커다란 창고를 개조해서 지어진 콘서트홀로 함부르크를 단숨에 세계적인 관광 도시로 만들었죠. 2017년 함부르크에서 열린 G20 세계정상회담 기간 중 당시 독일의 총리였던 앙겔라 메르켈은 G20 세계 정상들을 위해 엘프필하모니 콘서트홀에서 음악회를 열었어요. 세계 정상들은 이 홀에서 함께 베토벤 교향곡 9번을 감상했답니다.

엘프필하모니 콘서트홀만의 매력은 항구를 바라보고 있는 멋진 외관과 세계적인 음향학자 야스히타 토요타 도쿄 산토리홀의 음향 설계를 맡음가 설계한 음향입니다. 이러한 매력 덕분에 이곳에서 열리는 음악회의 관객은 다른 도시의 콘서트홀에 비해 관광객 비율이 매우 높은 편입니다.

▼ 함부르크 엘프필하모니 콘서트홀 전경

▲ 빈 무지크페어라인 황금홀 전경

해마다 1월 1일이면 전 세계 90개국으로 빈 필하모닉 신년 음악회가 생중계됩니다. 그 신년 음악회가 열리는 곳이 바로 이 무지크페어라인 황금홀입니다. 이곳은 빈 필하모닉의 정기 연주회가 열리는 홀이기도 하죠.

1870년에 지어진 황금홀 내부는 화려한 황금빛 장식과 고풍스러운 나무 바닥, 객석 2층에 설치된 여러 가의 발코니가 마치 몇백 년 전 유럽의 궁전 같답니다. 빈 필하모닉이 연주하지 않는 날에도 세계 각국 오케스트라들의 방문 연주가 이어져서, 황금홀에서는 음악회가 열리지 않는 날이 거의 없습니다. 서울시립교향악단, KBS교향악단, 수원시립교향악단 등 우리나라의 여러 오케스트라도 이 홀에서 좋은 연주를 펼쳤지요. 무지크페어라인 황금홀은 언제 방문해도 수준 높은 음악을 감상할 수 있습니다.

이곳의 천장은 천재 화가 마르크 샤갈1887~1985년이 그린 그림으로 유명합니다. 샤갈은 모차르트, 베토벤, 스트라빈스키, 바그너, 베르디 등의 작곡가와 그들을 상징하는 그림을 그려 넣었습니다. 천장화 〈꿈의 꽃다발〉 아래에는 엄청난

▲ 파리 오페라 가르니에 전경(위)과 내부 천장(아래)

크기의 샹들리에가 달려 있는데, 이 샹들티에가 떨어진 사
건에서 영감을 얻어 뮤지컬 〈오페라의 유령〉이 만들어졌습
니다. 오페라 가르니에에서는 클래식 콘서트, 오페라, 발레
공연을 관람할 수 있습니다. 평소보다 저렴한 가격으로 오
후에 오픈 리허설을 진행하는 날도 있어요. 하지만 음악회
와 상관없이 오로지 샤갈의 천장화를 보기 위해 오페라 가
르니에를 찾는 사람도 많답니다.

런던 바비칸 센터

www.barbican.org.uk

런던 심포니 오케스트라와 BBC교향악단이 주로 연주회
를 갖는 복합 문화 센터로, 클래식, 재즈, 미술, 패션, 연극
등 다양한 예술을 즐길 수 있으며 도서관도 갖추고 있습니
다. 바비칸 센터는 노출 콘크리트로 지어진 런던의 대표적
인 현대 건축물이라서 건축에 관심 있는 사람들에게도 인기
가 많습니다.

암스테르담 콘세르트헤바우

www.concertgebouworkest.nl

네덜란드 로열 콘세르트헤바우의 전용 연주장이기도 한
이 콘서트홀은 독특한 무대 설계로도 유명합니다. 대부분의
콘서트홀에서 연주자들은 무대 양쪽 끝에서 등장하지요. 그

런데 콘세르트헤바우 무대는 좀 특별합니다. 지휘자와 솔리스트는 무대 오른쪽 위 빨간 커튼이 달린 아주 커다란 문이 열리면, 빨간 카펫이 깔린 긴 계단을 걸어 내려옵니다. 모두의 박수를 받으며 무대 중앙까지 꽤 긴 거리를 빠른 걸음으로 이동하죠.

이 홀은 연주자 바로 옆에도 관객석이 배치되어 있습니다. 연주자 바로 옆에 앉으면 전체 음향이 별로 좋지 않을 수 있지만, 연주 내내 지휘자의 얼굴과 연주자의 모습을 아주 가까이에서 보는 특별한 경험을 할 수 있지요. 매주 수요일 12시 30분에는 무료 콘서트가 열립니다. 아주 인기가 많아서 30분 이상 줄을 서야 홀 안에 들어갈 수 있어요.

콘세르트헤바우 바로 앞 건널목을 건너면 고흐 미술관이 있습니다. 걸어서 3분이면 갈 수 있는 거리죠. 콘세르트헤바우 주변으로 고흐 미술관, 암스테르담 시립 미술관, 뮤제움 플레인 광장까지 예술 명소들이 모여 있어서 음악과 미술을 한곳에서 즐길 수 있습니다.

바르셀로나 카탈루냐 음악당

www.palaumusica.cat/ca

유네스코 세계문화유산으로 지정된 건축물로, 건축가 도메네크 이 몬타네르가 설계해 1908년에 완공되었습니다. 현재도 연주회장으로 쓰이는 건물이 세계문화유산인 곳은 카

▼ 런던 바비칸 센터 전경

▲ 콘세르트헤바우 전경

탈루냐 음악당이 유일해요. 스테인드글라스와 화려한 조각으로 장식된 내부가 특징이며, 다른 음악당과 달리 자연광을 이용해 공연을 진행합니다. 매일 세계적인 연주자들의 공연과 스페인 전통 춤 공연이 이어지고, 가우디 건축물 못지않은 웅장함으로 낮에는 관광객으로 가득합니다.

카탈루냐 음악당은 바르셀로나의 대표 관광지인 사그라다 파밀리아, 카사 바트요에서 멀지 않은 곳에 있어요. 한국어 오디오 가이드도 있어서 음악당 내부를 더 편하게 돌아볼 수 있습니다.

콘서트홀 음향의 모델이 된 산토리홀은 지휘자 카라얀이 '음향의 보석상자'라고 극찬한 것으로도 유명합니다. 녹음 작업에 까다롭기로 유명한 바이올리니스트 정경화의 유일한 라이브 녹음 음반도 산토리홀에서 진행되었습니다.

NHK교향악단, 도쿄 필하모닉 오케스트라, 도쿄 심포니 오케스트라 등 일본의 대표적인 오케스트라들이 이곳에서 정기 연주회를 열고요. 베를린 필하모닉, 빈 필하모닉, 뉴욕 필하모닉 등 세계적인 오케스트라나 연주자 들도 일본 투어를 할 때 산토리홀에서 연주회를 엽니다.

말레이시아 쿠알라룸푸르의 페트로나스 타워 1층에 있는 콘서트홀입니다. 페트로나스 타워는 88층으로, 한때 세계에서 가장 높은 쌍둥이 빌딩으로 유명했지요. 말레이시아 필하모닉 오케스트라가 주로 이곳에서 연주하며, 세계적인 오케스트라와 연주자 들도 말레이시아를 방문하면 페트로나스 콘서트홀에서 공연을 펼칩니다. 화려한 입구부터 파이프 오르간이 설치된 홀 내부까지 구경거리가 많으며, 홀 내부 투어는 오전에 진행됩니다.

싱가포르 에스플러네이드 콘서트홀

www.esplanade.com

싱가포르에는 유명한 랜드마크가 많지요. 그중에서 싱가포르강의 강변에 자리한 에스플러네이드 콘서트홀을 빼놓을 수 없습니다. 강변을 끼고 있는 아름다운 경관과 두리안을 닮은 듯한 웅장한 건물 외관으로 유명하죠. 전철역과 연결되어 있어 교통이 편리하고, 투어 프로그램도 잘 갖추어져 있습니다.

타이페이 국립음악당

www.npac-ntch.org/zh

타이페이는 한국인들이 즐겨 찾는 여행지로, 많은 관광객이 중정기념당을 방문합니다. 하지만 대부분의 관광객은 웅장한 규모의 광장, 근위병 교대식, 무료로 관람할 수 있는 기념관만 보고 떠나죠.

광장을 가운데 두고 양쪽으로 국립음악당과 국립극장이 있습니다. 국립음악당은 유럽의 유명 오케스트라들이 한국, 일본을 포함한 아시아 여러 나라 투어를 할 때 꼭 찾는 콘서트홀이에요. 전철역에서 도보로 몇 분 걸리지 않기 때문에 저녁에 열리는 음악회도 어렵지 않게 관람할 수 있습니다.

▼ 싱가포르 에스플러네이드 콘서트홀 전경

▲ 타이페이 국립극장(왼쪽)과 국립음악당(오른쪽)

‖: 세계의 클래식 음악축제 :‖

베르비에 축제

www.verbierfestival.com

취리히나 제네바에서 기차로 갈 수 있는 스위스 휴양 도시 베르비에에서는 7월 말부터 8월 초에 국제 음악축제가 열립니다. 베르비에는 스키와 보드를 즐길 수 있는 겨울 스포츠의 천국이지만, 여름이면 시원한 알프스산맥과 호수를 끼고 패러글라이딩, 하이킹, 산악자전거로 더위를 잊으려는 관광객이 많이 찾아요.

베르비에 축제에서는 전설적인 연주자부터 이름을 알리기 시작한 신예 연주자까지 다양한 연주자를 만날 수 있습니다. 이 무대에서 연주한 한국인으로는 바이올리니스트 정경화, 사라 장, 김봄소리, 첼리스트 장한나, 피아니스트 임윤찬, 지휘자 정명훈이 있어요. 유명한 연주자들의 마스터 클래스를 통해 그들의 음악 철학을 들어 보는 시간도 마련되어 있습니다.

루체른 페스티벌

www.lucernefestival.ch

스위스의 루체른은 유럽 패키지여행의 필수 코스로 꼽히는 도시죠. 1938년에 시작된 루체른 페스티벌은 8월 중순부터 9월 중순까지 열립니다. 오랜 역사만큼 루체른 시민의 음악축제에 대한 사랑도 대단해서, 축제 공연장 중 한 곳인 루체른 문화컨벤션센터^{KKL}가 시민들의 투표를 통해 1998년 세워졌습니다. 루체른 중앙역 바로 앞에 있는 이 건물은 콘서트홀과 미술관 등 다양한 시설을 갖추고 있습니다. 특히 4층 테라스는 루체른 호수의 아름다운 전경을 가장 잘 볼 수 있는 명소로 유명해요.

루체른 페스티벌 기간에는 세계적인 연주자의 콘서트홀 공연 외에도 한낮의 음악회, 밤 10시 음악회, 선상 음악회, 광장 음악회, 어린이와 함께하는 음악회 등 다양한 프로그램이 진행됩니다. 바이올리니스트 정경화와 양인모, 피아

▼ 루체른 문화컨벤션센터 전경

니스트 조성진과 임윤찬, 지휘자 정명훈이 루체른 페스티벌
에서 공연을 펼치기도 했습니다.

잘츠부르크 페스티벌
www.salzburgerfestspiele.at

오스트리아 잘츠부르크는 모차르트의 고향이자 온 도시
가 모차르트로 장식된 음악 도시입니다. 1877년부터 시작
된 잘츠부르크 페스티벌은 7월 말부터 5주 동안 열리며, 가
장 권위 있는 클래식 페스티벌 중 하나입니다. 이 페스티벌
이 세계적인 명성을 얻게 된 데는 빈 필하모닉과 지휘자 카
라얀의 공이 큽니다. 빈 필하모닉은 이 페스티벌의 상주 오
케스트라로서 휴가 기간에도 이곳에 모여 연주해요.

잘츠부르크 페스티벌 기간에는 150회 이상의 다양한 클
래식 음악회가 열립니다. 매우 많아서 고르기 어렵지만 어
떤 연주를 골라도 실망할 일은 없을 거예요. 잘츠부르크 페
스티벌은 세계 최고 수준의 연주자만 초청하기 때문입니다.
한국인 중에서는 바이올리니스트 정경화와 사라 장, 첼리
스트 정명화, 피아니스트 조성진, 지휘자 정명훈이 이 무대
에 설 수 있었습니다. 모차르트 얼굴이 새겨진 초콜릿을 사
거나 영화 〈사운드 오브 뮤직〉 촬영지를 구경하는 것도 좋지
만, 한국에서 보기 힘든 세계 최정상 연주자들의 공연을 볼
수 있는 기회이니 음악회를 꼭 가보면 좋겠습니다.

www.aspenmusicfestival.com

미국 콜로라도주 애스펀에서 7월부터 두 달간 열리는 음악축제로, 특히 음악 전공생들이 참가하고 싶어 하는 꿈의 축제입니다. 세계적으로 유명한 연주자와 교수 들을 가까이에서 만날 수 있기 때문이에요.

이 축제 참가를 원하는 전공생들은 치열한 오디션을 거쳐야 합니다. 오디션에 합격하면 세계적인 연주자들로부터 수업을 받고, 함께 연주할 수도 있죠. 모든 레슨은 공개로 진행되고, 방문객들은 숲속 곳곳에서 연습하는 음악 전공자들을 만날 수 있습니다. 자연과 음악이 어우러지는 이 음악축제에는 솔리스트, 실내악, 오케스트라까지 셀 수 없이 많은 한국인 연주자가 참여하고 있습니다.

BBC 프롬스

www.bbc.co.uk/proms

1895년에 시작된 BBC 프롬스는 매년 7월 중순부터 런던 로열 앨버트 홀에서 두 달간 열립니다. 이 축제의 차별점은 콘서트홀 안에서 서서 공연을 관람하는 '프로머' 구역이 있다는 것입니다. 좋은 음악을 저렴한 가격으로 많은 사람에게 들려주자는 취지예요.

축제 기간에는 콘서트홀 1층의 객석 의자를 없애고 광

▲ 런던 로열 앨버트 홀 전경

장처럼 만듭니다. 2~4층 좌석은 예매할 수 있지만 서서 듣는 프로머 구역은 연주회 당일 오전 10시 30분부터 선착순 800~1,000명에게 약 1만 원에 판매해요. 저렴한 가격에 좋은 연주를 가까이서 볼 수 있다는 매력 때문에 축제 기간에는 매일 콘서트홀 앞에 아침부터 프로머 취소 표를 구하려는 긴 줄이 생깁니다. 청바지, 반바지 등 평상복 차림으로도 편하게 공연을 관람할 수 있어요.

프롬스는 프롬나드promenade와 콘서트concert를 합친 말이에요. 프롬나드는 '산책', '천천히 걷는다'라는 뜻입니다. 18세

224

기 영국에서는 야외 음악회에서 걸어 다니면서 음악을 감상하는 문화가 유행했었어요. 여기에서 아이디어를 얻어서 생긴 페스티벌이죠.

무소륵스키의 관현악곡 〈전람회의 그림〉에 나오는 프롬나드처럼 BBC 프롬스에서는 관객석에서 천천히 걸으며 음악을 감상할 수 있습니다.

BBC 프롬스 기간에 진행되는 공연들은 BBC를 통해 생중계되며, 세계 각국의 연주자와 오케스트라가 참여합니다. 바이올리니스트 정경화·사라 장·김봄소리·양인모, 첼리스트 장한나와 한재민, 피아니스트 조성진·손열음·임윤찬, 지휘자 정명훈, 서울시립교향악단 등 많은 한국인 음악가가 이 무대에서 연주를 펼쳤습니다.

프라하의 봄 국제 음악축제

www.festival.cz

제2차 세계대전 이후 체코슬로바키아의 독립과 체코 필하모닉 창단 50주년을 기념해 1946년에 시작된 프라하의 봄 국제 음악축제는 체코의 국민 작곡가 스메타나가 사망한 날인 5월 12일에 시작합니다.

3주간 계속되는 이 축제는 언제나 프라하에 있는 오베츠니둠 스메타나홀에서 스메타나의 〈나의 조국〉이 연주되면서 시작합니다. 축제 기간 스메타나홀과 드보르자크홀에서는 세계적인 연주자와 오케스트라의 연주가 계속되고, 프라하의 봄 국제 음악 콩쿠르도 함께 열립니다. 피아노, 바이올린, 첼로, 플루트, 클라리넷, 트럼펫, 트롬본 등 거의 모든 악기 분야의 경연이 열리며, 일반인들도 콩쿠르 경연을 관람할 수 있습니다. 세계적인 연주자와 이제 막 연주자로 이름을 알리고자 하는 젊은 연주자들을 함께 만날 수 있는 음악축제입니다.

PMF 음악축제
www.pmf.or.jp

PMF 음악축제Pacific Music Festival는 1990년 전설적인 지휘자이자 작곡가인 레너드 번스타인이 만든 음악축제입니다. 일본 삿포로에서 7월 한 달간 열리는데, 겨울 스포츠가 발달한 삿포로는 여름에 날씨가 시원해서 아름다운 자연을 즐기려는 관광객이 많이 찾습니다. PMF 음악축제가 열리면 삿포로 콘서트홀, 예술 숲 야외무대 등 삿포로의 자연을 배경으로 하는 무대가 마련돼요. 이곳에서 바이올리니스트 사라 장, 첼리스트 장한나, 피아니스트 조성진 등이 공연을 펼쳤습니다.

이 축제에는 젊은 음악 전공자들을 위한 프로그램이 많습니다. 여기에 발탁되기 위해 신인 음악가들은 몇 달간 치열한 오디션을 거쳐야 합니다. 오디션에 합격하면 음악계 거장들에게 배우고 함께 연주할 기회를 얻게 되지요.

벳푸 아르헤리치 페스티벌

www.argerich-mf.jp

벳푸 아르헤리치 페스티벌은 아르헨티나 출신의 세계적 피아니스트 마르타 아르헤리치[1941~]가 만든 실내악 축제입니다. 1999년부터 일본의 대표적인 온천 도시 벳푸에서 4~5월에 열리고 있으며, 아르헤리치의 명성에 걸맞은 세계적인 현악기 연주자들이 많이 참여하고 있지요. 아르헤리치는 한국 아티스트들과도 친분이 깊어서 이 축제에 참여하는 연주자들이 축제 기간 중 하루 시간을 내어 한국에서 특별 공연을 하기도 합니다.

마치는 글

이 책을 쓰면서 어릴 적 처음 바이올린을 배우던 때부터 지금까지의 음악 생활을 되돌아보게 되었습니다. 어떻게 바이올린을 만났고, 어떤 선생님들을 만나 배우며 지금의 연주자가 되었는지 돌아보니 감사한 일만 가득합니다.

음악을 하면서 좋은 친구들을 만나 삶의 힘을 얻었습니다. 연습하는 과정이 때로는 힘들었지만 모차르트와 베토벤이 만들어 놓은 아름다운 음악이 악보로만 머물러 있어서는 안 된다는 생각으로 열심히 연습했지요. 혼자였다면 중간에 힘들어서 포기했을지도 모릅니다. 운 좋게 오케스트라 연주자가 되어 함께하는 친구들이 많아졌고, 덕분에 한 걸음씩 나아갈 수 있었습니다.

현악기에 초점을 맞춰 작곡가의 삶을 들여다보고 음악을 고르는 일은 색다르고 재미있었습니다. 좋은 연주가 매우 많아서 영상을 고르는 데 생각보다 시간이 오래 걸렸지만 덕분에 보물 같은 연주를 찾아낼 수 있었지요.

듣거나 연주하는 음악을 글로 표현하는 일은 늘 부담스럽습니다. 때로 벽에 부딪히기도 하지만 그 벽을 넘어 닫힌 문을 열 때마다 보람을 느낍니다. 바이올리니스트인 만큼 비올라, 첼로, 더블 베이스의 독주곡을 제외하고 제가 직접 연주해 보지 않은 곡은 소개하지 않았습니다.

또한 제가 음악회를 찾아가는 방법을 그대로 소개했습니다. 해외에 가면 꼭 그 도시의 음악회장을 찾아가는데, 가족이나 친구들과 함께 외국에서 음악회를 찾는 것은 특별한 추억을 가져다주었습니다. 여러분도 이런 색다르고 멋진 경험을 해봤으면 좋겠습니다.

투박하게 써 내려간 원고를 근사한 책으로 만들어 준 출판사에 감사드립니다. 이 책을 쓸 수 있게 격려해 주신 《스트라드》 정소연 수석기자님, 예술가의 진정성이 무엇인지 일깨워 주시는 존경하는 최희준 교수님, 저의 첫 바이올린 선생님이신 김정은 선생님께도 감사의 마음을 전합니다. 임병원 선생님, 박평섭 선생님, 김정화 선생님, 이택주 선생님이 계시지 않았다면 오늘의 저는 없었을 것입니다.

사랑하는 수원시립교향악단 현악기 친구들 혜주, 자현, 민선, 하영, 현주, 길래, 은혜에게 고마움을 전합니다. 함께 연주할 수 있는 친구들이 있다는 것이 얼마나 큰 행운이고 행복인지 모릅니다. 그대들과 함께여서 음악이 더욱 즐겁습니다.

마지막으로 누구보다 저의 음악과 글쓰기를 응원하고 이해해 주는 우경 님께 깊은 감사를 드립니다.

2025년 가을

청소년을 위한
클래식 음악의 세계

초판 1쇄 인쇄 2025년 9월 30일
초판 1쇄 발행 2025년 10월 13일

지은이 유수경
발행인 박효상
편집장 김현　**기획·편집** 장경희, 오혜순, 이한경, 박지행
디자인 임정현　**마케팅** 이태호, 이전희　**관리** 김태옥
교정·교열 진행 고은희　**표지·내지 디자인** Moon-C design

종이 월드페이퍼　**인쇄·제본** 예림인쇄·바인딩
출판등록 제10-1835호　**펴낸 곳** 사람in
주소 04034 서울시 마포구 양화로11길 14-10(서교동) 3F
전화 02) 338-3555(代)　**팩스** 02) 338-3545
E-mail saramin@netsgo.com　**Website** www.saramin.com

책값은 뒤표지에 있습니다. 파본은 바꾸어 드립니다.

© 유수경 2025

ISBN 979-11-7101-190-2 44670
　　　979-11-7101-184-1 (세트)

우아한 지적만보, 기민한 실사구시 **사람in**